イスラーム信仰叢書 1

イスラーム巡礼のすべて

水谷 周 著

国書刊行会

写真１　聖マスジドとカアバ聖殿回礼

巡礼月初旬の間、キスワは捲り上げられる

写真２　黒石とイブラーヒームの立処（マカーム）

黒石からイエメン角の方向を見る

立処は収納楼に収められている

写真３　早駆け廊とアラファート丘到着

イフラーム以外の人たちも見られる

ほとんど全員がイフラーム着用

写真４　ラフマ山周辺の留礼

写真５　石投げ場（ジャムラ）の過去と現在

今は昔となった石柱

現在の石投げ用壁（2008年12月、樋口美作氏提供）

写真６　剃髪（ハルク）とミナーのテント群

写真７　ヒラー山と預言者の生地

啓示の降りたヒラー山（著者撮影、2006年12月）

マッカ図書館の呼称となっている預言者の生地（聖マスジド・マルワ側）

写真８　日本派遣団の模様

アラファート丘へ向けて朝出発

同日午後、アラファート丘の留礼（ウクーフ）

日本語新聞

アル・ウンマ الأمة

日本語による初めてのアラファの日の説教　أول خطبة في يوم عرفة

ヒジュラ暦1427年/2006　باللغة اليابانية عام 1427 هـ

アラファの日の説教

アミーン 水谷 周

ヒジュラ暦一四二七年　巡礼月九日（金）
西暦二〇〇六年　十二月二十九日（金）
アラファの丘にてアラビア語、日本語、英語で実施

皆様に平安とアッラーの祝福を、そして我々の預言者ムハンマド（アッラーの祝福と平安を）とその家族ならびに教友たち全員に、祝福と平安を祈念します。本日のこの説教は、この祝福された日に行われる日本語として、初めての説教になるでしょう。

日本代表団は、日本在住ムスリムで構成されているため、世界の縮図団となった。

説教するアミーン水谷氏

著者による日本人初の「アラファの日の説教」を報じるイスラーム新聞

慈悲深く、慈愛あまねきアッラーの御名において

はしがき

イスラームの巡礼とは、聖地マッカ（メッカ）とその近郊へ赴き、礼拝など一定の儀礼と行程を済ませる一連の行事のことである。「音楽のメッカ」あるいは「スポーツのメッカ」といった表現が広く使われている。それだけマッカは、どの分野であれ最高の檜舞台だという印象で世界に知られている。ところが巡礼の実際について、日本ではそれほど馴染みはない。

イスラームの巡礼月における山場を迎えると、総勢二百数十万人が一緒に礼拝することになり、世界最大規模の礼拝となる。もちろん日本の正月三箇日には、大勢の人たちがお宮参りに行き、その数は全国で八千万人、大きな神社だと三日間で約三百万人余りが参詣する。大変な数である。しかしその八千万人は、全国九万はある神社における三日間の合計であり、また一定の決まった時間ではなく、この三日間を通じてお参りしている人たちの総数である。同一地点、同時の礼拝としては、イスラームの巡礼に勝る規模のものはない。

この巡礼は、信者であれば一生に一度は果たすべき信仰上の義務とされている。伝統的にはその行程が難行苦行であるだけに、巡礼者は帰国後、ハーッジュ（女性はハーッジャ）という

肩書きで呼ばれ、周りの人の尊敬を集めることにもなった。

この巡礼を語る時にはムスリムの間では、主として三つの方面から取り上げられる。巡礼を扱おうとする時に最も流布していて、容易に手にすることができるのは、おそらくイスラーム法学の部類かと思う。それは巡礼の儀礼（マナースィク・アルハッジ）[1]と言われ、クルアーンや預言者伝承に則りつつ、巡礼の諸作法を規定するものである。

ついでは法学という客観的に対象化されている事柄ではなく、心象世界の事柄として巡礼を扱う方法である。アラビア語ではこれら心の側面に光を当てようとする一群の記述を、巡礼の精神（ルーフ・アルハッジ）という用語でまとめている。本書の序論で、巡礼思慕や決意と歓喜に触れているのは、このアプローチを意識したものである。

最後は、巡礼記（アダブ・リフラ・アルハッジ）である。旅行記の一部に巡礼の記述が含まれていることもあり、巡礼記録の中に、巡礼の内面への投射ぶりがつぶさに記されていることもある。信心を確かめ、深め、新たな心境を目指すのではなく、即物的な側面だけの巡礼記ならば、それはほとんど観光旅行記同然のものである。

本書は概説ではあっても、以上三つの方面をすべてカバーした。そうすることで巡礼の全体像を紹介できればと願ったからである。

クルアーンに言う。「旅の準備をしなさい。だが最も優れた準備は篤信の念である。あなた

がた思慮ある者よ、われを畏れなさい。」（雌牛章二・一九七）

信心を礎にして、その故にそしてそのために行われる巡礼という勤行に親しみをもって理解を深めようというのが本書の狙いである。またそうすることで、イスラームの大切な一側面を知ると同時に、イスラームの巡礼に関して迂遠さや違和感を少しでも取り除くことができればと願っている。本書において巡礼をめぐる伝統や逸話なども、いろいろ紹介したい。その相当部分は日本ではあまり見聞きされていないかと思う。さらには信仰というもののもつエネルギーや人類共通の熱気は、現在の日本の宗教を取り巻く状況からして容易に把握できない恐れもある。そのため日本人によるイスラームの巡礼列伝を振り返って、先達の信心の発露や奮闘ぶりもまとめて紹介した。

欧米語でも個人のイスラーム巡礼記は少なくないが、上に述べたような全体像を課題として取り組んだものは、ほとんどない。ただし本書は一つの試みであるから、ここで扱えなかったような詳細や、あるいはより豊富な逸話など、今後さらに深く探求する余地はいくらもある。そこまで読者諸氏の本格的な関心を喚起し、あるいはさらには実際に巡礼を志す方々が出てこられれば、それは著者が最も欣快とするところである。

なお最近は、巡礼に関する多数のビデオやインターネット配信を通じても、相当情報は集められるので、その活用もお勧めしたい。http://www.tohaji.com/ にはアラビア語のほか、英語、フランス語、ドイツ語、トルコ語、インドネシア語でも豊富に素材が掲載されている。http://islamonline.net/Arabic/hajjというのもある。また毎年日本からも多数の巡礼者が出るようになったので、そのような経験者から直接話を聞くことも有益であろう。

ヒジュラ暦一四二八年、西暦二〇〇七年　春

著者

注（1）　定冠詞アルのアは前の単語と繋げられる時は発音されないが、本書では原則としてすべて表記した。また語末のターマルブータ（t音）は次の単語と繋げられる時は、ト、ティ、タと格変化して発音されるが、日本語として慣用化している場合を除いて、本書では表記していない。いずれのケースも当該の単語を続けて発音するかどうかは、状況により異なるからである。なお祈りの言葉など発音が固定されている場合は、それをそのままカナ表記した。また巡礼関係用語のアラビア語原語綴りは、巻末の参考6「巡礼関係アラビア語用語集」を参照。

目次

第2部　巡礼本論

第1部　序　論

イスラームの巡礼序論として、七つの側面を取り上げておく。それらは巡礼に関して、いずれも有益で必要と思われる。

一に、巡礼はたしかに信仰上の義務ではあるが、当事者の感覚はいわゆる義務感に縛られるというよりも、一口で言って思慕に駆られているということについてである。

二に、その思慕の根本は強い信仰心に発しているが、信心はどれほどエネルギーを伴うものかも、改めて再認識したいと思う。

三に、他の宗教の巡礼と対比するとイスラームの巡礼のあり方が明確になる部分もあるが、それを通じてイスラームに関してよく見られる誤解をいくつか解いておく。

四に、イスラームの巡礼は、それ以前からのアラビア半島における巡礼を一部継承しつつ整えられたものであるが、それでは古来の巡礼からどう変革されたのかという点についても少々紙数を割く。

五に、クルアーンでは巡礼がどのように出てくるかを見る。一番の基本原典でどのようにそれが扱われているかを確かめることの意義は言うまでもないであろう。

六に、預言者ムハンマドの巡礼について振り返る。大巡礼は一度だけしか果たせなかったが、爾来《じらい》、多くの規範と慣行の源泉となってきたからである。

七に、巡礼の功徳と言われるものを一覧する。これに関してはクルアーンにも少々言及があ

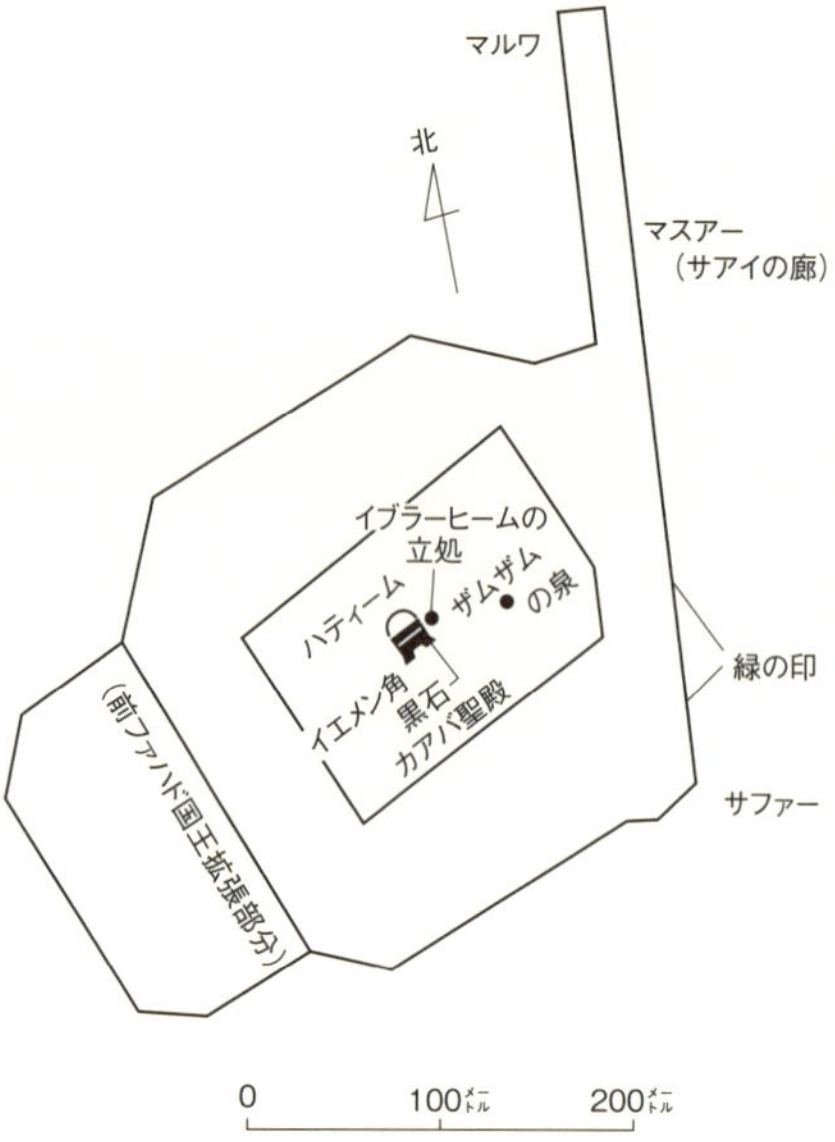

カアバ聖殿

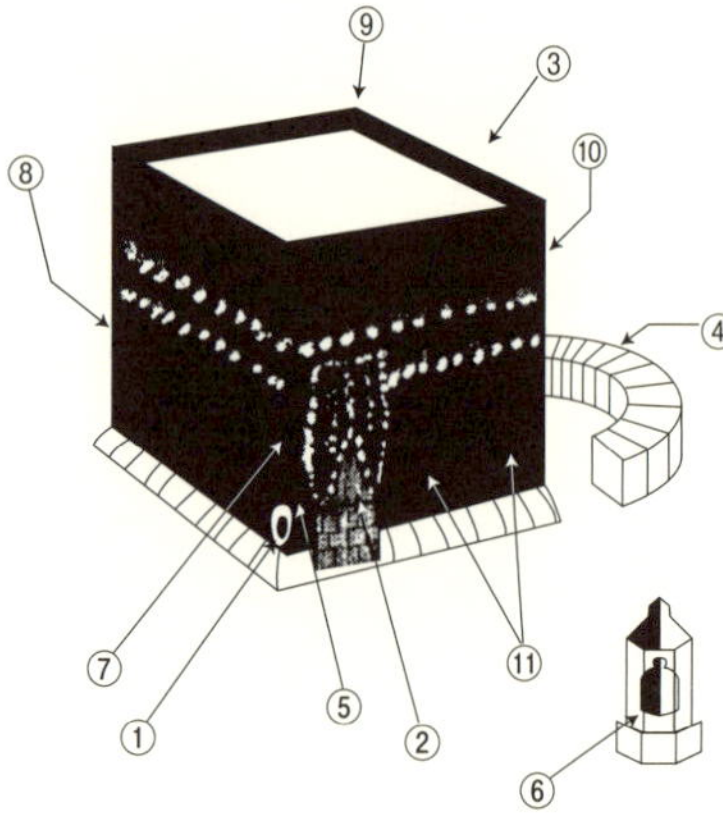

① 黒石
② 扉
③ 雨樋
④ ハティーム
⑤ アルムルタザム
⑥ イブラーヒームの立処
⑦ 黒石角
⑧ イエメン角
⑨ シリア角
⑩ イラク角
⑪ 覆い布（キスワ）

図１　聖マスジド全体およびカアバ聖殿見取り図

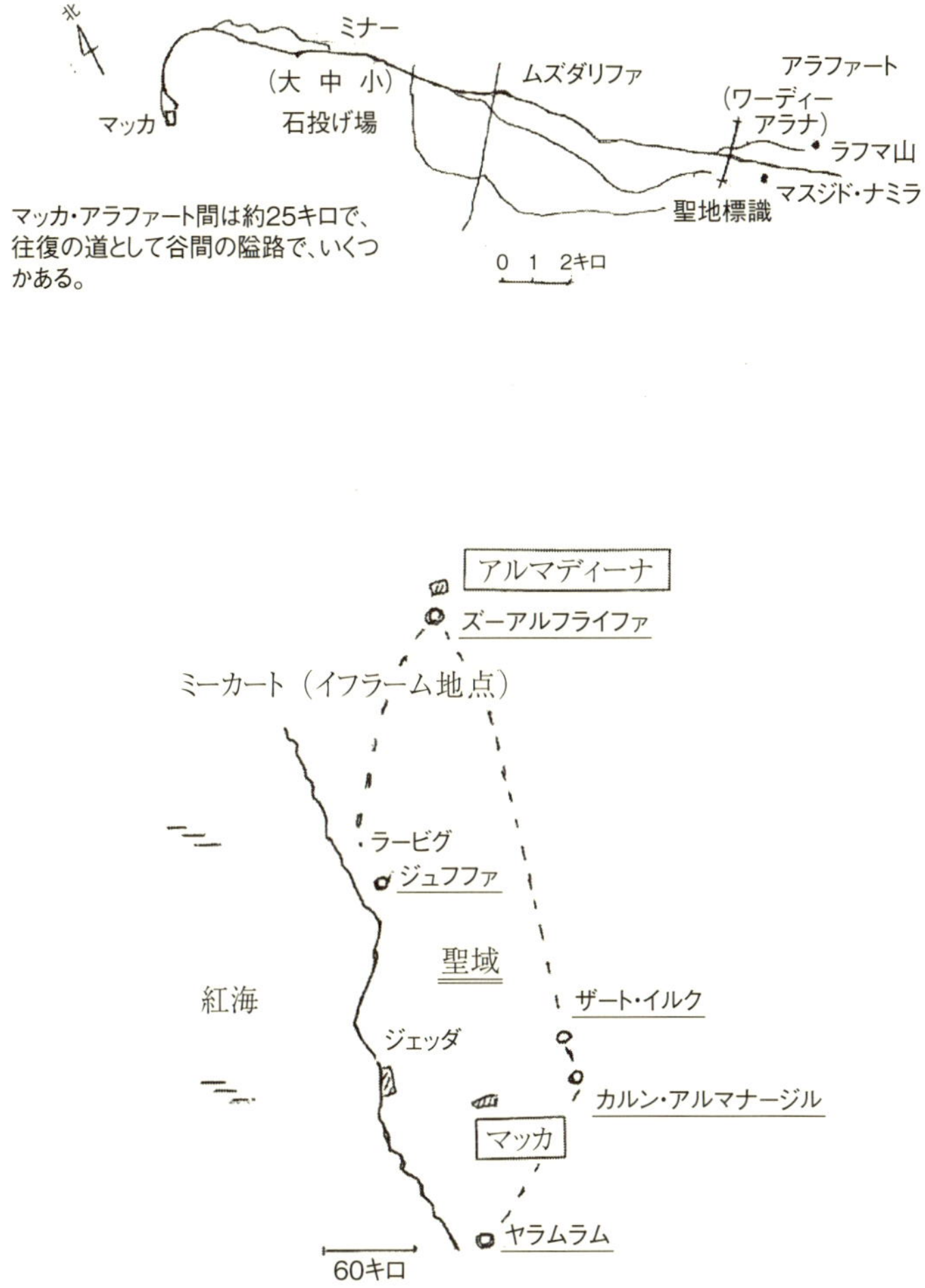

巡礼聖域（破線）・着衣点（ミーカート）五カ所（下線）

図２　マッカ・アラファート丘間および巡礼聖域・着衣点見取り図

るが、多くは預言者伝承に拠ることになる。

1　巡礼思慕

ア　目　的

イスラームの巡礼について、ムスリムの間では十四世紀間の膨大な蓄積があるが、その目的や意義についてはどれを取ってもほぼ異口同音の説明がされているのは、ことの性質から当然である。

最近、以下のようなまとめ方を見た。

「礼拝（サラー）の方向（キブラ）であり、啓示の降りたこの場所で、現世の模範的な時間を過ごす巡礼においては、実にアッラーの証を目のあたりにすることになる。また巡礼においてその場所が、世界を動かし導きを示す、精神的なエネルギーを持っていることが明らかになる。文明を動かす物質的なエネルギーと、信仰および人を新しく生まれ変わらせる（精神的な）エネルギーを併せ体得することになるのである。[1]」

信仰生活の究極や理想を、巡礼で体験できるということであろう。つまり謙虚に悔悟し信心を深め、家畜の犠牲を捧げアッラーへ感謝の念を深め、人類の共同体員として忍耐・協力し、また最後の審判で全員アッラーの許に集結する様を白装束の集団礼拝で目のあたりにして、人生の終わりとその後に向けて心を整えるということである。このように人生サイクルを居ながらにして経過することは、自らを蘇生させることでもあり、その体験は明日への新たなエネルギーにも昇華される。またこのような努力を払っている巡礼の最中に他界した人は、殉教者としてそのまま天国に行くことが約束されている。

巡礼のことを簡潔には、信者のアッラーへのヒジュラ（避難するという意味だが、西暦六二二年、アルマディーナへの聖遷を指す）であるともいわれる。右は比喩的な表現ながら、巡礼はアッラーの命令であることが基本である以上、本来この一言にすべてが尽くされていると言える。

イ　旅路の苦難

以上のような抽象的で概念的な観点とは別に、歴史的に巡礼の実際は、旅路の困難、疫病、さらにはマッカからアラファートの丘という巡礼聖域内の移動中でさえも盗賊に遭う恐れがあり、その苦労は絶えないという状況であった。[2]

エジプトの文豪ムハンマド・フセイン・ハイカルが一九三〇年代に著した『啓示の降りた場所で』という七〇〇ページ余りの大部の巡礼記も、「旅への決意」という章で書き始められている。二十世紀前半の当時でも、その決断をする際には、相当の困難を覚悟していたことを窺わせる。[3]

あるいは別の古の例として、預言者ムハンマドの妻アーイシャは女性にも聖戦（ジハード）の義務があるのかと問うたのに対し、預言者の回答は、女性には戦闘のないジハードが義務である、それは巡礼だ、というものだったそうである。これも巡礼の厳しさとその達成のためには、相応の決意が必要なことを示唆している。(4)

ウ　あふれる思慕

このように予想される艱難辛苦を押してでも決意を促したのは、おそらく狭い意味での信仰上の義務感ではなく、あふれんばかりの情熱であり、巡礼への思慕（アラビア語ではシャウク）と言うべきものだったのであろう。この強い情念も、これまたさまざまに綴られてきた。

十二世紀後半、アラブ支配下にあったアンダルシアのグラナダから往復二年三カ月という長年月をかけてイスラーム巡礼を果たした、有名なイブン・ジュバイルは、聖地で新しい月を迎えた時の感激を次のように伝えている。

「新月は八月二十二日、月曜日の夜に始まった。……この月の新月は、今までの人生の中で見た最も幸運な新月であった。われわれが聖なる中庭、すなわち偉大なる神の聖域にして、イブラーヒームの御立台――神の使徒が遣わせられたところであり、誠実なる天使ジブリールが霊感と啓示とを持って降りたった所である――がその中にあるドームを含む聖域に落ち着いた時、頭上に新月が昇った。神よ、この恩寵に対して感謝すべきことをわれわれに示したまえ。(5)」

次に十四世紀中葉、巡礼に端を発し二五年にわたる世界旅行を敢行して、これもよく知られているイブン・バットゥータの記録を見てみよう。

「いよいよ待望の地に達したことを思えば、心は喜悦に満ちた。……神の、いみじきわざのうち、とりわけ心を惹くことは、人々の胸のうちに、この霊域を訪れようという強い願望を植えつけ給うたことである。この憧れは、激しくて、何者もこれを阻止することはできぬ。また一度この地に至ったものは、深い愛着を生じ、もはや別れ去るにしのびなくなる。やむなく去り行くときは、必ず再び三度帰ってくるぞと心に誓うのである。

……この地を深く慕うがために、たとえ遠く離れていようとも、いつも心にはその姿が浮かび、ここに来るがためには途中のあらゆる艱難も甘んじて忍ぶのである。いくたりの病弱者が、この聖域を志す途中で命を失ったことであろうか。しかも、神が、その信徒をこの地に集めたもうときには、すべての心は歓喜にみち、途中でなんらの苦しみにも遭わなかったかのごときさまである。これが神意でなくてなんであろうか。」(6)

思い焦がれた聖地への訪問は、アッラーのご加護によって有難く全うできたのであり、多大な苦難が克服できたこと、それ自体がまた新たなアッラーのご意思の証でもある、とイブン・バットゥータは結んでいる。まさしく固い決意の後に、あふれんばかりの歓喜に満ちている。

さて以上のような昔日の旅路の苦難は、今日ではほぼ全面的に解消した。そしてそのことは現状を見るにつけて、ますます巡礼への思慕を強くしていると見られる。

もちろん現在も、巡礼中の熱風と猛烈な人いきれによる疲労感は変わらない。現地で他界する人や、入院する人も決して少なくはない。しかし巡礼の交通機関としては、人の脚とラクダ、ついで船と鉄道、そして自動車へと変わり、今では海外からの巡礼者一六〇万人のほとんどは航空機利用である。また航空料金もずいぶん安価になった。

他方では、疫病対策、水質管理や冷房つき宿舎、良品質の飲食品無償提供、さらに通信施設、噴水つき道路や山越えに取って代わった新しいトンネルなど、その環境も全く一変し、さらには毎年改良されている。

こうして巡礼は一生に一度は果たすべき課題であったのが、現在では何度もくり返し巡礼する人が多くなり、また子供連れの巡礼も珍しくない。世界の遥か遠隔地からの巡礼もさほど人目を引かない。

近代文明の便利さは、信者にとってはますます巡礼を奨励し振興する理由づけとなっている。換言すればこの進歩はアッラーのご助勢とご加護の新たな印であり、巡礼を命じられたそのご意思の現れであると映っているのである。現代世界で旅路の困苦が軽減されたことにより、従来にも増してイスラーム巡礼への強い思慕の法灯は燃え盛り、世界の隅々までも脈々と引き継がれていると言える。

注（1）ウマル・オバイド・ハスナ『聖地において』ベイルート、ダマスカス、一九九四年、九ページ。なお著者名、書名のアラビア語表記は巻末の「参考文献」を参照。以下同様。
（2）サアド・ブン・アウダ・アッラッダーディー『サウジ治世以前の巡礼の治安』ジェッダ、二〇〇一年、を参照。全四三八ページの本格的研究書、イスラーム以前の時代からオスマーン帝国治下の時代までを扱う。
（3）ムハンマド・フセイン・ハイカル『啓示の降りた場所で』カイロ、一九三六年、三五ページ。
（4）キリスト教でも同様。聖地エルサレムを目指した十五世紀の禁欲的なキリスト教徒で、イエズス会の創始者ともなったイグナチオ・デ・ロヨラの巡礼記には、巡礼の旅路では暴風雨、ペスト、キリスト教徒兵士たちの暴行に出会ったとある。イグナチオ・デ・ロヨラ『ある巡礼者の物語』岩波文庫、二〇〇〇年、九三ページ以下。
（5）イブン・ジュバイル『旅行記』関西大学出版会、一九九二年、五五ページ。
（6）イブン・バットゥータ『三大陸周遊記』前嶋信次訳、中公文庫、一九九四年、六一－六二ページ。

2　信心は情熱

巡礼へ人を駆り立てるのは強い思いであり、それは宗教的情熱とも言えるが、ここでさらに先に進む前に、今一度宗教信仰あるいは信心について振り返っておきたい。

もちろんこの課題自体、正面から全幅的に見れば議論は百花繚乱であり、単一の見解などに容易にまとめられるものではない。ここではそのように内容豊富で多岐にわたっていることを前提としながら、巡礼論の原点として信心とは何かについて所要な範囲で再確認しようという趣旨である。

イスラームにおいて信仰の意味は、真実であると信ずることであり、何を真実とするかの対象は、アッラー、不可視界の天使、預言者たち[1]、啓典、最後の審判、そして定められた命運のあること、の六点にまとめるのが大半の手法である。いわゆる六信である。

そのどれをとっても非常に重みがあるが、この中核はアッラーの存在であり、なかんずくその唯一性（タウヒード）を確信する点にあることは、昔からほとんど異論はない。あくまで基軸は、唯一、絶対なるアッラーがすべてを治めるという宇宙観であり存在観であり、それを真実として揺るぎなく信ずるということである。

ではこの信仰の中軸が、信徒との関係ではどのように作動するのであろうか。言い換えれば、信徒の信心のあり方はどのように捉えられるのであろうか。

そこには三段階あるとされるのがよく見られる解釈である。第一には、言動で教義に則ることである（アルイスラームといわれる）。これは信仰証言、礼拝、喜捨、断食、巡礼の五勤行を履行することが中心で、どちらかというと外面的な視点である。

次には内心の問題として信仰箇条をしっかり確立し順守することである（アルイーマーンと

呼ばれる)。これが狭義の「信心」といわれている部分で、上記の六信を中心としている。
第三には、信心にもとづきあらゆる善行を積むと同時に、常にアッラーを身近に感じる最も敬虔な段階である(アルイフサーンと称される)。これが一番包括的な広い信心のあり方であり、その極致であり頂点の段階と位置づけられる。
預言者の伝承に次のようにある。「イフサーン(善行)について述べよ」と問われたのに対し、預言者ムハンマドは答えて言った、「あたかも目前に座すかのようにアッラーを崇めることです。あなたにアッラーのお姿を拝することが出来なくても、アッラーはあなたを見ておいでになるからです。」と。[2]
ちなみに十三世紀から十四世紀にかけて活躍した、有名なイスラーム思想家であり活動家であった、イブン・タイミーヤの原典の厳格な解釈にもとづく信仰論でも、この三段階の解釈が紹介されている。[3]
さて巡礼はこの世にありながら、上述の信仰上の三段階を擬似体験、あるいは人によっては実体験できるとも言えるであろう。巡礼の真髄はまさしくアルイフサーンであると解される預言者伝承を次に引用する。
「アッラーにお会いしたいと望む者と、アッラーは会われることを嘉《よみ》される。」(アルブハーリー、ムスリム両正伝)

このように信心は通常に意識される以上に深く人の心に潜み、沈みこむものなのであろう。そしてそれは独自の熱気を伴うものである。この方面の突っ込んだ議論は、イスラームの伝統的な学問である信仰論や神学の世界に入ることになり、明らかに本書の枠組みから外れる。したがってここでは信心の内実についての解釈の紹介と、信心を深めるということは大変なエネルギーを使い、また情熱に支えられるものだということに止める。そうすることでここの目的である、イスラーム巡礼の際の心の原点を顧みるという目的は一応果たせるだろう。

注（1）預言者の初めはアーダムで最後はムハンマドとする一連の多数の預言者たちを指す。彼らは多数の異なる民族にそれぞれ使命をもって遣わされた。日本でも広く知られているヌーフ（ノア）、ムーサー（モーゼ）、イーサー（イエス）なども含まれる。なおその中でも人々に教えを広めることを命じられ、啓典をもたらした預言者は使徒と呼ばれる。

（2）『サヒーフ・ムスリム』日本ムスリム協会発行、一九八七年、第一巻、二八ページ。

（3）イブン・タイミーヤ『信仰』ベイルート、ヒジュラ暦一三八一年、六ページ。ただしアルイフサーンに代えて、悪いことを避けるムハージルと邪悪と戦うムジャーヒドを加えて、全体を四段階に分ける考え方なども紹介している。同掲書、三ページ。

3　誤解の是正

ア　広まる誤解

イスラームの巡礼をめぐって、一定の誤解が日本ではよく見受けられる。たとえば次のような世界の巡礼のパターン分析がある。(1)

そこでは分類のパターンとして、巡礼は聖地への往復運動であるか、あるいはいくつもの聖地歴訪の円運動に分けられている。そして前者の典型が、イスラームの巡礼とキリスト教のエルサレム巡礼で、一地点への往復を内容としているとされる。この類型を提唱する文章を引用すると、往復運動は「父なる神（著者注：キリスト教）やアラーの神を崇拝する一神教にいかにもふさわしい行動類型である」とされ、その聖地とされる地点で、「超越的な一神は、中心としての聖地にいつでも降臨し、安座したもうからである」とされている。

他方、多神教であるインドのような例では、基本的にその巡礼路は大陸全体を円状に巡り歩くことからなっているとされる。ただこの円状巡礼路にも中心的な聖地が認められ、インドではそれはガンジス川沿いのベナレスであると指摘される。

ちなみに以上の分類に従うと、わが国で知られている四国八八札所や西国三三観音霊場巡り、あるいは東海三六不動尊霊場、坂東三三カ所、秩父三四カ所巡りなども、同様に円運動として分類されるのであろう。

イ　誤解の是正

以上のパターン論の文言に含まれている誤解とその修正は次のとおりである。まず引用にある「アラーの神」という言葉自体、他の神の存在を前提としているようで不適切である。また「父なる神」と「アラーの神」が別物であるような印象を与えるが、イスラームの見地からすればイエスも預言者の一人であり、「父なる神」と「アラーの神」は同一の唯一神を指していることも確認せねばならない。ただこれらの点は基本問題ではあっても、直接巡礼に関係するものではない。

次に巡礼に直結した点としては、マッカにアッラーが「降臨し、安座したもう」とイスラームで教えられているわけではない。アッラーはこの世、全宇宙をすべからく漏らすものなく注視されてはいても、そこに降臨したり安座されることはないのである。

ちなみに「アッラーは天の玉座におられ……」、あるいは「巡礼者はアッラーの客人（ドューフ・アッラハマーン）である」など、具象化されえないアッラーをめぐって説明の必要上、人に寓した表現が少なくない。この点注意して、どのような程度や側面であれイスラームでは決して擬人化した考えに陥らないようにする必要がある。

アッラーは「降臨し、安座したもう」ことはないが、マッカが神聖な土地であることは間違いない。預言者伝承にあるが、そこはアッラーによって神聖であることが保障されており、戦いや狩猟などが恒常的に禁じられている。またこのように聖地であるとしても、注意したいのはマッカとその近郊に巡礼するのは、そこが聖地であるからではなく、アッラーがそこへ巡礼することを命じる啓示を降ろされたからだという点である。

次に、イスラームの巡礼は「一地点へ向けての往復運動」であるというのは少し簡略化が過ぎるであろう。というのは、後でも詳しく見るように、マッカから出てその近郊での諸行事がいくつもあり、最高の頂点はマッカ郊外二五キロ南東の地点にあるアラファートの丘における留礼（ウクーフ）[2]とされているからである。この二地点間ではいろいろ特定の場所を経由し、また預言者ムハンマドが往路と復路は違うルートをたどったのに則り、単純な往復を避けることはその後も広く好んで行われてきた慣習である。だから全行程をたどるならば、マッカへの往復運動であるとするのはどこから見てもまったく当たっていない。

注（1） この事例としては、山折哲雄『巡礼の思想』弘文堂、一九九五年、五〇ページ以下。
（2） 「留礼」は「ウクーフ」の日本語訳であるが、その詳細は第2部5「留礼（ウクーフ）」を参照。

4　イスラーム以前

ア　イスラーム以前とその後の変化

次に取り上げるのは、巡礼のイスラーム以前からの成り立ちや経緯である。

大要は次のようにまとめられる。人類の祖アーダムも巡礼したとされるが、イスラームとより直結して語られる初めての巡礼は、唯一神教の預言者イブラーヒームがその息子イスマーイールと共に、天使ジブリールに伴われて行ったものである。それはカアバでの儀礼からアラファート丘での半日をかける礼拝である留礼まで、ほぼ現在の巡礼の原型をなすものであった。しかしその後時代が推移して、偶像崇拝など邪教がはびこり、巡礼の仕方もさまざまに正規を逸脱していった。それを正して再興したのが、最後の預言者ムハンマドであった。

イスラーム以前、邪教時代の様子をもう少し敷衍してみよう。ただし当時の一次資料で残されているものは極めて少なく、ほとんどが砂漠の塵となって散逸したか、あるいはそもそも初めから記録されなかったのであろう。したがって、かなりの部分は推測を働かせることを余儀なくされる。日本語の二次資料によれば次のとおりである。(1)

当時、多神教や偶像崇拝の風習が広くはびこっており、アラビア半島西海岸沿いのヒジャーズ地方では、少なくとも三体の偶像神が多くの人の信仰を集めていた。マッカはその一つの地方だった。マッカ以外でも、人々の礼拝所としての聖地や巡礼地が営まれていた。その後時間が経つと、マッカは三六〇ほどの偶像が集められるほど有力な巡礼地に成長した（ただしこれ以外の小さな偶像や神像は何千、何万もマッカの神殿に収められていた）。そしてその頃の慣行を改めながら、新たな儀礼や新規の意義づけをしつつ、イスラームの巡礼は完成されたのである。

イスラームによる改革を語るとき、当然ながら教義的に新たな意義づけが行われた側面が一番本質的で重要だが、それは「5 クルアーンと巡礼」や「6 預言者ムハンマドと巡礼」以下のテーマである。ここではそれ以外の現象面での大きな変革として、次の二点を挙げておく。

一つは互いに敵対行為を控え、穢《けが》れを忌み性交などを戒める、いわゆる巡礼の聖域（ハラム）とされる範囲が相当広がったことである。それまではマッカとその周辺半径約一〇キロの範囲に限られていたが、預言者ムハンマドが信徒と共に最後の「別離の巡礼」に向かったアルマディーナから南へ一〇キロにある地点、ズー・アルフライファ（マッカより直線で約三五〇キロ北）において巡礼衣に着替えたことによって随分拡大した。そして今日もイスラームの巡礼の際の聖域は、この拡大した範囲が踏襲されている。(2)

もう一つ変革されたのは、諸儀礼の順序や位置づけである。カアバのまわりを回礼（タワーフ）するのは巡礼最後の儀礼だったのが、イスラームでは基本的にそれが最初の儀礼となった。

また各儀礼の実施の日取りが明確に定められ、巡礼月の何日にはどこで何をするかということが明文化されたのである。

そしてすでに触れたように、巡礼の最頂点はカアバ聖殿の回礼ではなく、マッカから二五キロ南東、アラファートの地にあるラフマ山周辺に巡礼月九日午後に参り、そこで半日行う留礼（ウクーフ）であるとされた。留礼はアッラーとの対峙という貴重な場であるとともに、最後の審判の日にアッラーの前に集められるシーンを大集団で具現化することにより、信心を深め新生ムスリム社会の共同体意識を涵養し高揚する場へと化した。

これ以外にも詳細に見れば、従来の支配階層だったクライシュ族の他部族への差別的な慣わしを破る変革などが、周到に企画され実行に移された。(3)

イ　カアバ聖殿の成立

イスラーム以前からの成り立ちや経緯を振り返るという視点から、マッカの中核であるカアバ聖殿について、その興味ある成立の事情と歴史的な背景を記しておく。

カアバ聖殿は人間が建造する前に、天使たちがアッラーの命令によって地上に建造したとされる。それは初めての大地であるマッカに創建された。その形状は、天国で天使たちの礼拝所となっていた「参拝の館」に似せたものとされた。

それについで人類の祖アーダム（アダム）が、石を積み上げたようなカアバの基を構築した。

近づいてはならない木に触れて、天国・楽園を追われた後、アーダムはインドなどを経て、またその妻ハウワー（イヴ）はシリアからアラビア半島に入りジェッダなどを経て遍歴をつづけた。そしてついに二人は、マッカ郊外アラファートの丘で再会を果たす。その後アッラーを崇める場所として、聖殿を狭い谷（バッカ）にアッラーの命により建てたのだった。

その聖殿へは後に預言者ヌーフ（ノア）も礼拝に訪れ、また彼のいわゆる「ノアの方舟」は洪水の中、カアバのまわりを七周してからイラクのモースルあたりの地表に着いたとも言われる。しかしカアバはこの洪水に流されて崩壊しまたその後の多神教時代に荒んでしまい、ついには跡形さえも砂塵や流砂に埋もれてしまった。その後ほぼ千年経ち、遺跡を土中に再発見して建立し直したのは一神教の預言者として新たに遣わされたイブラーヒームだった。

カアバの再建者としては、アーダムの建造以来二代目として、預言者イブラーヒームが新たに建て直したというのである。そこへは、その後の預言者であるムーサー（モーゼ）やイーサー（イエス）も巡礼する。他方その建物は、幾度も洪水や砂漠の鉄砲水に流されたり、あるいは火災にあったりしたが、そのたびに再建、補修されてきた。預言者ムハンマドの祖父アブド・アルムッタリブも再建者列伝に入れられることがある。

ムハンマド自身もイスラーム以前の若い頃その再建工事に従事し、黒石を誰が本来の場所に安置するかでもめたとき、それをまず布の上に置いて、それからその端を各部族の代表に持たせて平等な参加を確保することによって無事終了したという逸話も残されている。アーダムの頃は数十センチの高さであったカアバは、現在では高さ約一四メートル、南北は約一二メートル、東西は約一〇メートルとなった。[4]

ところでこのカアバはついに偶像の家となり、世の中の乱れはそれを望みなき滅亡と奈落の家と化した。そこへクルアーンの啓示が降ろされ、敢然と登場したのがイスラームだった。アルマディーナを根拠地としてマッカを解放し市内に入った預言者ムハンマドは、自分の手にした杖で三六〇あった偶像を叩き割り、誤った人たちは一掃され、真理が到来したと高らかに告げたと伝えられた。[5]

そしてその教えは、生活全般にわたる他の多くの物事と同様に、カアバ聖殿にも独自の意義づけと理念を与え、総じて新しい宇宙観と存在観のもとにアラビア半島、そしてやがては広大な地域にわたる人々の生活を根本から立て直したのであった。[6]

注(1) 坂本勉『イスラーム巡礼』岩波新書、二〇〇〇年、一九ページ以下。

(2) 従来は聖地としてのマッカも巡礼の聖域も同一だったが、それらが機能分化したとも言える。前者は恒常的に禁忌があり、巡礼時だけ禁忌を守る巡礼の聖域とは時間的・場所的な範囲が異なることとなった。またそれぞれの禁忌の内容も異なっており、巡礼の禁忌ははるかに細かく重い。いずれもクルアーン上の規定はなく、預言者伝承により定めねばならない。聖地マッカはウマイヤ朝以来、サウジアラビア王国になるまでに一一回は境界線を改定されてきたが、巡礼の聖域は預言者ムハンマド以来変更がない。なおアラビア語では双方ともハラムだが、日本語では聖地と聖域として区別した。なお聖地マッカに関する追加は本書第1部6「預言者ムハンマドと巡礼」注(8)参照。

(3) イスラーム以前からの継続説は、イスラームでは長く排斥されてきた。すべてはイスラームに始まり、従来の歴史社会や外界に規定されず創始されたとされた。しかしそれを転換して、ムスリムとして初めて学術的に歴史社会的な継続説を打ち出したのは、エジプトの碩学アフマド・アミーンであった。一九二七年、実証主義の立場から、イスラーム誕生当時のアラビア半島へのインドやペルシアなどからの文化的影響も認める見解を表明した。アフマド・アミーン『イスラームの暁』カイロ、一九二七年。

(4) カアバ聖殿をめぐっては、この方面の情報の宝庫とも言える、アルハーフィズ・タキー・アッディーン・ムハンマド・アルファースィー(ヒジュラ暦八三二年没)著、学識者委員会校訂『聖地情報の飢えを癒すこと』ベイルート、二〇〇〇年、全二巻、第一巻第七章「偉大なカアバ建造情報」一二五ー一四六ページ。なお列伝に挙げられるのは、天使たち、アーダム、その子孫、預言者イブラーヒーム、アマーリカ族、ジュルフム族、クサイ・ブン・キラーブ、クライシュ族、ウマイヤ朝のイブン・アッズバイルおよびアルハッジャージュの一〇代だが、誰を挙げるか、あるいは一部その順序に関しても異説がある。なお同書の歴史叙述としての位置づけについては、本書の参考1「マッカとカアバの歴史叙述」参照。

(5) 「名誉のカアバ」『アラブ世界百科事典』第二版、リヤード、一九九九年、全三〇巻、第一九巻三二一ページ。本百科事典は全文アラビア語だが、今日のサウジアラビア他アラブの学識者の総力を結集して作成されたもので、各分野の概説を見るのにバランス良くまとめられていて勧められる。

(6) イスラームの外からではあるが、カアバ聖殿について広く他のアジア地域との類似性を示唆する視点も出されている。カアバは誕生、死、そして再生という過程の始原の家で、生命の蘇生を敬うための祠であったとする（ハージャルと息子イスマーイールの墓へ雨樋を通してザムザムの水がかかるようにされ、それは死から再生のプロセスを示していること、またカアバ内の柱は天のへそ〔の緒〕と呼ばれているが、それが天と地の接点であり明らかにカアバを母体と見なして誕生を示唆していることなど）。さらにこのような始原の家は、古代イランやエジプトにも見られ、北京の天壇も同様の発想にもとづいていると見られ、天壇の石板の数は三六〇枚でこれは一年の回帰を意味すること、他方カアバの偶像の数もイスラーム以前三六〇体であったと言われるが、これらは同じ観念に発しているとされる。川床睦夫編『シンポジウム「巡礼」—Part I』中近東文化センター、一九八六年、九八―一一〇ページ、井本英一「カーバ論」。

5 クルアーンと巡礼

ここではクルアーンに巡礼のことがどのように出ているかを見てみよう。なんといってもアッラー自らが、どのように語られ命じておられるかということを確かめることが先決である。それによって、さまざまな巡礼の儀礼や作法の一番の根拠がはっきりすることになる。

ちなみにアラビア語の用語では、クルアーンの中には名詞形の巡礼（ハッジ）という言葉が九回使われている。アラブの書物では言語的な意識が強く、クルアーンに何回出てくるということがしばしば言及される。さらには動詞形のハッジャの辞書的な意味は「カアバ聖殿へ儀礼のために赴く」ということだが、それのいろいろな活用形（動詞ハッジャ、動名詞ヒッジュン、能動分詞ハージュンなど）もクルアーンには使われている。ただしハッジ一回を指すヒッジャという言葉は、ズー・アルヒッジャ（巡礼月）など一般にはよく使われるが、クルアーンには出てこない。

なお小巡礼（ウムラ）という言葉もあり、動詞（第八型イウタマラ）も含めてクルアーンには三回出てくる。その元来の辞書的な意味は「訪れる」ということである。その儀礼の内容は、巡礼最大の山場として半日にわたり行われるアラファートでの留礼などが省かれていて、それだけ小型になっている。だから小巡礼とはっきり区別させる必要があれば、フル・コースの巡礼のことを大巡礼とも言う。一般に巡礼と言えば大巡礼のことを指していることが多く、あるいは大小巡礼の両方を指している場合もある。

（1）心構え

巡礼に関しては、クルアーンのいくつもの章にわたって数多く言及されている。しかしクルアーン第二二章の第二六節から第三三節までは、続けて巡礼に関する内容となっているので、この章全体が「巡礼章」と呼ばれている。その中でも巡礼に関する心構えとして、次の聖句を挙げたい。それはそこに始まり、そこで終わる、いわば巡礼の原点とも言えるからである。[1]

「アッラーの儀式を尊重する態度は、本当に心の敬虔さから出てくるもの。」（巡礼章二二・三二）

「以上（が巡礼の定め）である。アッラーの神聖（な儀式）を順守する者は、主の御許では最も善い者である。……それで偶像の汚れから離れ、虚偽の言葉を避けなさい。」（同章二二・三〇）

もう一つ、心構えで正しく中核を突いているものとして、他の章からも引用しよう。

「それでその間に巡礼の務めを果たそうと決心した者は、巡礼中、猥褻な行いや不道徳な行いを慎み、また論争してはならない。あなたがたの行う善いことを、アッラーは知っておられる。旅の準備をしなさい。だが最も優れた準備は、篤信の念である。あなたがた思慮ある者よ、われを畏れなさい。」（雌牛章二・一九七）

「信仰する者よ、あなたがたが礼拝に立つ時は、顔と、両手を肘まで洗い、頭を撫で、両足を踝《くるぶし》まで（洗え）。あなたがたがもし大汚の時は、全身の沐浴をしなさい。……アッラーは困難を、あなたがたに課することを望まれない。ただし、あなたがたを清めることを望み、またあなたがたへの恩恵を果される。恐らくあなたがたは感謝するであろう。」（食卓章五・六）

（2）呼びかけ

ついでアッラーは、預言者ムハンマドに対して巡礼の呼びかけを命じられた。

「人々に、巡礼するよう呼びかけよ。かれらは歩いてあなたの許に来る。あるいは、どれも痩せこけているラクダに乗って、遠い谷間の道をはるばる来る。」（巡礼章二二・二七）

いかにも原初の巡礼の様子が、目に浮かぶのではないだろうか。実際この呼びかけに応じて何万もの信徒が集まり、アルマディーナへの聖遷から一〇年後、マッカも解放された後の六三二年、預言者の初めてにして最後の巡礼が行われた。それは「別離の巡礼」（ハッジュ・アルワダーイ）と呼ばれている。

アッラーはこの呼びかけの命に先立ち、カアバ聖殿を清浄にするよう求められた。

「われがイブラーヒームのために（聖なる）家の位置を定め（こう言った）時のことを思いなさい。誰も、われと一緒に配してはならない。そしてタワーフ（回礼）する者のため、また（礼拝に）立ち（キヤーム）、留礼（ウクーフ）し、跪く（サジダ）者のために、われの家を清めよ。」（同章二二・二六）

「清めよ」と命じられた背景は、唯一神アッラーの命が新天地マッカにやって来た預言者イブラーヒームに下された頃に比べて、預言者ムハンマドの時代までには、再び多神教がはびこり聖なるべき家は偶像の山で汚されていた。だから当時、巡礼に来る人たちもさまざまで、種々の多神教徒もかなり横行していた事情があった。

なお巡礼章ではないが、アッラーが巡礼の日にあたり布告した言葉が記されている。

「(これは)アッラーとその使徒から、偉大な巡礼の日にあたり、人々への宣言。『本当にアッラーは、多神教徒と(の盟約)を解約された、その使徒にしても同じこと。それであなたがたがもし悔悟するならば、あなたがたのため最もよい。もし背き去るならば、アッラー(の計画)をあなたがたは頓挫させられないことを知れ。』信仰を拒否する者たちには、痛苦の懲罰を告げてやれ。」(悔悟章九・三)

以上を通じて、多神教の撲滅、カアバ聖殿から偶像を一掃することを信徒に求め、それを前提として預言者ムハンマドに対して巡礼を命じられたことが浮き彫りになったかと思う。

(3) 義務

「本当に人々のために最初に建立された家は、バッカのそれで、それは生けるもの凡てへの祝福であり導きである。その中には、明白な印があり、イブラーヒームが礼拝に立った場所がある。また誰でもその中に入る者は、平安が与えられる。この家への巡礼は、そこに赴くことのできる人々に課せられたアッラーへの義務である。背信者があっても、まことにアッラーは

万有に（超越され）完全に自足しておられる方である。」（イムラーン家章三・九六－九七）

ここでバッカと言っているのは、マッカのことである。[2]つとにアッラーは、預言者イブラーヒームに礼拝や巡礼の仕方を示されていたが、ここに巡礼もイスラーム教義の上で五つある義務的な勤行の一つとされた。

また「この家」に関するここの言葉が、宇宙のビッグ・バンのように先々世界に拡散するマスジドの原型を示し、またその建設熱の原動力となる大役を担うこととなった。短いながらこの文言は、本当に世界史の起爆剤となった感がある。

（4）功徳

巡礼は信仰の重要な柱であり、それを誠実に履行するのが第一で、信者としては特段の功徳を期待して巡礼するわけではない。だがクルアーンには、それについても少し言及されている。

「それは自らの（現世と来世の）御利益《ごりやく》に参加し、……それからかれらの必要な儀式を終え、誓いを果し、そして古来の家（カアバ）を、タワーフしなさい。以上（が巡礼の定め）である。アッラーの神聖（な儀式）を順守する者は、主の御許では最も善い者である。……」（巡礼章二二・二八－三〇）

「主の恩恵を求めて祈（り巡礼中に商売す）るのは、あなたがたにとって罪ではない。……

かれがあなたがたのことを思って導かれたように、あなたがたもかれを念いなさい。」（雌牛章二・一九八）

来世の利益については、アッラーの裁可を得て天国に行けることなどなど、それこそ計り知れず広がる世界である。それに加えて巡礼中、たとえば諸国の経済状況を知ること、もっと直接的には巡礼の地という安全な場所で商売できること、といった公的あるいは私的な現世の利益もあるとしている。また人種や国籍を超えた同胞愛を体験することなども、現世的な利益、またはそれに結びつくものとして肯定されている。

(5) 時期

「巡礼（の時期）は周知の数月である。……あなたがた思慮ある者よ、われを畏れなさい。」（雌牛章二・一九七）

ここで「数月」とは、巡礼月だけではなくて、ヒジュラ暦の十月（シャウワール）、十一月（ズー・アルカアダ）、十二月（巡礼月、ズー・アルヒッジャ）の十日までを指している。昔は遠距離の旅行に要する時間は確定しにくかったので、到着時期に幅をもたせて旅程に余裕を与えたのであろう。

そして少し早目に到着したら、巡礼前に一部の儀礼だけを内容とする小巡礼を果たすことが推奨されることとなった。この小巡礼には、とくに時期の限定はない。

小巡礼だけを目的とするのではなくて、大巡礼の一部として実施する場合には、それら両者の組み合わせ方により三通りの仕方が預言者ムハンマドにより確定された。その概要は、まず小巡礼を済ませいったん禁忌を解いて平常の生活に戻る方法（タマットゥウ）、禁忌を解かずに続けて大巡礼を済ませる方法（キラーン）、そして大巡礼を済ませてから後日別途小巡礼を実施する方法（イフラード）に分かれる。ここでは三方式に関しては、以上の概略だけに止める。

時期を定めるための太陰暦に関しては、月の開始を定める新月について次のようにある。

「かれらは新月について、あなたに問うであろう。言ってやるがいい。『それは人々のため、また巡礼のための時の定めである。』……アッラーを畏れよ、あなたがたは恐らく至上の幸福を成就するであろう。」（同章二・一八九）

これは当時、新月をめぐって易者や呪い師のような人が現れ、いろいろな迷信があったのを払拭する意味があった。

日取りの決め方は、巡礼を語るときはイスラームの伝統的な方式に従い、一日の日没がその日の始まりになる。したがってたとえば十日と言えば、日本で言う九日の日没時に始まり、翌日十日の日没時に終わることになる。巡礼の諸行事は夜や早暁の時間帯にする事柄も多く、それらは特定の日取りと結びついているから、ここでこの日付決定の仕方を再確認しておく。

(6) 儀礼・諸行事

巡礼には一連のさまざまな儀礼や行事が組み合わされている。

ア 禁忌の状態に入ること(イフラーム)

イスラーム法学上、主たる不浄なものとしては、非合法に殺された動物の遺体、豚肉、血、排泄物、酒、犬などが挙げられる。巡礼中はさらに格別の清浄さが求められ、性交や結婚の禁止など、いくつか特別の禁則が定められるとともに、たとえば女性の特定の期間(月経、産血)と巡礼が重なったらどうするかということが、それぞれの儀礼や行程との関係で細かに論じられる背景にもなっている。

この巡礼の禁則に従う禁忌の状態に入ることはイフラームと言われて、巡礼の大原則とも言うべき四つないしは五つの柱の一つで、実施の順序としてはまず初めにくる事柄である。

この巡礼の「柱」という用語は今後も幾度も出てくるが、それらは適切な実施が欠けると巡礼が成立しなくなるという事項である。それに比べて、巡礼諸儀礼の中で「義務」というカテゴリーに入れられるものは、その履行が果たせない場合には代償(断食や家畜の供犠)が求められるが、代償を支払うかぎり巡礼は成立するという点で異なる。

クルアーン中、巡礼関連の禁止条項はあまり明言されていない。したがってその多くは、預言者の慣行によることになる。クルアーンの文言として、陸上の狩猟に関して、禁則として次のように言われる。

「信仰する者よ、あなたがたが巡礼者の間は、狩猟して鳥獣を殺してはならない。もし、あなたがたの中《うち》、知りながらそれを殺した者の償いは、あなたがたの中《うち》公正な二名の者の判定により、その殺したものと等しい（価の）家畜を、カアバに運んで捧げるか、またはその贖罪のために貧者に食を供するか、またはそれに相当する斎戒（著者注：断食など）を行うことである。これらはかれがその行いの結果を味わうためである。アッラーは、過ぎ去ったことは御許しなされる。だがあなたがもし繰り返すならば、アッラーは応報を重くされる。アッラーは偉力ならびなき応報の主であられる。」（食卓章五・九五）

種々の定めごとの中には、以上のような違反の場合の代償が明示されていないケースがある。そのときは法学者の議論と検証によって定められることになる。

狩猟についてさらに続けられる。

「海で漁撈し、また獲物を食べることは、あなたがたにも旅人にも許されている。だが陸上の狩猟は、巡礼衣の間は禁じられる。アッラーを畏れなさい。あなたがたはかれの御許に集められるのである。」（同章五・九六）

しかし巡礼の終了とともに、それは問題がなくなり許される。

「あなたがた信仰する者よ、アッラーの聖い表徴を冒瀆してはならない。……だが、（巡礼衣を）脱いだならば、狩猟してもよい。」（同章五・二）

イ　回礼（タワーフ）

カアバ聖殿のまわりを七周回るこの勤行は、アッラーへの礼拝の一種であり敬虔さを表現し過去の過ちを悔悟するための行為である。またそれは巡礼の大きな柱となっている。実際イスラーム以前には、これが巡礼中最大の行事ともされていた。

「それからかれらの必要な儀式を終え、誓いを果し、そして古来の家（カアバ）を、タワーフしなさい。」（巡礼章二二・二九）

回礼に関しては、クルアーンの文言に加えて、預言者ムハンマドの最初にして最後の「別離の巡礼」の際の慣行（スンナ）も、種々豊富な典範を提供してくれる。しかしさらに遡れば、預言者イブラーヒームがカアバ聖殿を再興した後の巡礼の際にも回礼は行われ、またカアバ建造以前、その雛形となった天空の「参拝の館」の周囲を天使たちがアッラーを称えつつ回礼していたという経緯があったことなどが想起される。

ウ　早駆け（サアイ）

サファーとマルワの間四一〇メートルを三・五回往復して歩いて、預言者イブラーヒームの妻ハージャルが息子イスマーイールのために水を探し求めたという、当時の困苦を偲ぶとともにに、アッラーの恵みと慈悲を請う堅忍苦行である。巡礼の柱の一つだが、それについてはクルアーンにこうある。

「本当にサファーとマルワは、アッラーの印（著者注：宗教儀礼）のうちである。だから聖殿に巡礼する者、または（小巡礼のためにそれを）訪れる者は、この両丘をタワーフしても罪ではない。進んで善い行いをする者には、本当にアッラーは嘉し、それをよくお認めくださる。」（雌牛章二・一五八）

「罪ではない」どころか、早駆けは巡礼の柱の一つになっている。それだけに、ここでの持って回ったような言い方は少し気になる。

事実この「罪ではない」という表現から、早駆けは行わなくてもよいのではないかという疑問がイスラーム初期より出されたが、そうではなかった。というのは、早駆けがイスラーム以前には偶像神の名において行われていたので、それはもうしないほうがよいのではないかと考えた人が少なくなかった、という事情が背景にあった。そこで啓示が降りて、そうではなく、両丘のタワーフ、つまり早駆けは罪ではない、という表現がなされたということである。

なおここのクルアーンの引用文にあるように、この早駆け（サアイ）のこともタワーフと呼ばれることがあるので、カアバ聖殿の回礼（タワーフ）と混同しないようにしたい。

エ　留礼（ウクーフ）とその後

巡礼月九日、アラファートでの半日にわたる留礼は巡礼最強の柱であり、十日のムズダリファでの一夜とも合わせ、巡礼最大の山場となっている。しかしこの留礼に関してクルアーンの中では、前に見たように「巡礼章二二・二六」で「また（礼拝に）立ち（キヤーム）、留礼（ウクーフ）し跪く（サジダ）する者……」という個所で言及されているだけである。

この短い言及ぶりは、ことの重要性に鑑みて何か不思議な気がするが、それだけ預言者伝承で多く補充されることになる。

留礼後、預言者ムハンマドはムズダリファにおいて長夜の礼拝を務めたので、それに倣うのは義務とされる。このムズダリファで野営（マビート）をしての祈りも留礼（ウクーフ）と呼ばれるので、アラファートだけではないことを確認しておこう。

クルアーンの関連の個所は次のとおりである。

「それでアラファートから、どっと下ってきて、聖なる場所（ムズダリファ）でアッラーを唱えて念じなさい。かれがあなたがたのことを思って導かれたように、あなたがたもかれを念いなさい。以前あなたがたは、確かに迷っていた。」（雌牛章二・一九八）

「それで、人々の急ぎ降りるところから急ぎ降り、アッラーの御許しを請い願いなさい。誠にアッラーは、寛容にして慈悲深くあられる。」（同章二・一九九）

なおこの啓示の背景として、異教時代のクライシュ族にはアラファートの丘へ赴くことを省いて、それよりもマッカ寄りで手前のムズダリファに留まって他の部族に対する優越感を持った人たちがいた。そこでアラファートこそをウクーフのための集合の中心として、全員がそこに到達しなければならないとすることで、部族や民族に差がないことが明確化されたのだった。

オ　供犠（ハドイ）

供犠はアッラーへの篤信の行為であり、アッラーに感謝し貧者への喜捨により共同体員として同胞心を発揮し、協力を実践する意味がある。クルアーンには次のようにある。

「それは自らの御利益に参加し、また定められた日の間、かれ（著者注：アッラー）がかれらに与えられた（供犠の）家畜の上にアッラーの御名を唱え、それから『あなたがたはそれを食べ、また困窮している者にも食べさせなさい。』」（巡礼章二二・二八）

「……それから家畜は、あなたがたに読み聞かされたものを除き、（巡礼中の食料として）合法である。それで偶像の汚れから離れ、虚偽の言葉を避けなさい。」（同章二二・三〇）

「それら（の家畜は）、定めの期限まで、あなたがたに役立てたうえ古来の家（カアバ）の近くで供犠として捧げられるのだから。」（同章二二・三三）

「われは凡てウンマの（供犠の）儀式を定めた。かれが授けられる四つ足の家畜の上に、アッラーの御名を唱えなさい。本当にあなたがたの神は、唯一の神であられる。だからかれに服

従、帰依しなさい。あなたは、謙虚な者たちに吉報を伝えなさい。」（同章二二・三四）

「また（犠牲の）ラクダ（や牛）を、われはあなたがたのためアッラーの儀式用とした。それらにはあなたがたへの（多くの）利益がある。（犠牲に供えるに当り）並べて、それらの上にアッラーの御名を唱えなさい。そしてそれらが横ざまに倒れ（動かなくなっ）たならば、あなたがたはそれを食べ、また口に出して請わない者、物請いする者たちに食べさせなさい。このようにそれら（家畜）をあなたがた（の用）に供させるのも、あなたがたに感謝の念を起こさせるためである。」（同章二二・三六）

「それらの肉も血も、決してアッラーに達する訳ではない。かれに届くのはあなたがたの篤信（タクワー）である。このようにかれは、それらをあなたがた（の用）に供させるが、これはあなたがたへのかれの導きに対し、アッラーを讃えさせるためである。善い行いの者たちに吉報を伝えなさい。」（同章二二・三七）

このようにこの儀礼に関しては、かなり多くの言及がなされている。

なおこの供犠の儀礼の起源は、預言者イブラーヒームがその息子イスマーイールを犠牲にするようにアッラーに求められたのに対し両者揃ってその覚悟を決めたので、アッラーはその従順さに鑑みて代わって家畜を犠牲にすることで赦されたという故事にある。ミナーの北側の山上には、イブラーヒームとイスマーイールによって屠畜が行われたという場所も残されていた。

しかし現在はその地点は判然としない。

カ　剃髪（ハルク）

クルアーンの言葉は次のとおりである。

「……もしアッラーが御望みなら、あなたがたは、安心して必ず聖なるマスジドに入り、あなたがたの頭を剃り、または（髪を）短く刈り込んで（ハッジやウムラを全うする）。何も恐れることはないのである。かれはあなたがたが知らないことを知っておられる。それればかりか、かれは手近な一つの勝利を許された。」（勝利章四八・二七）

剃髪は禁忌状態を大半解くための巡礼の重要な柱もしくは義務になっている。アッラーに自分の体の一部を捧げ、生まれ変わった自分を身をもって知るという精神的および社会的な意義が見出される。

剃髪が良いとされるが、上の引用文に見るように断髪も可能である。また女性の場合、剃髪は認められず代わってまとめた房の一部を少々切り落とすことになる。

キ　ミナーでの滞留

巡礼月十日に供犠が行われ、つづいて十一日と十二日または十三日まではミナーの地において石投げならびに礼拝と唱念の時を過ごす。この滞留は巡礼の柱には入っていないが、聖域内での貴重な日々を過ごすための巡礼中の義務とされる。クルアーンには次のようにある。

「定められた数日間、アッラーを念じなさい。アッラーを畏れる者の中、誰でも急ぐならば、二日目（に帰っ）ても罪にはならない。また留まっても罪ではない。アッラーを畏れなさい。あなたがたは必ず、かれの御許に集められることを知りなさい。」（雌牛章二・二〇三）

なおムズダリファの野営と同様に、このミナーの滞留もマビートと呼ばれる。

(7) 続行不可能の場合

巡礼はいったん開始したならば、それに専念し、最後まで完遂することが大前提である。しかし病気などのために途中で遂げられなくなった場合の定めは次のとおりである。少々長くなるが、あまり注釈はなくても済むかと思う。

「アッラーのために、巡礼と小巡礼を全うしなさい。もしあなたがたが妨げられたならば、容易に得られる供物を（送りなさい）。そして供物が供犠を捧げる場所に到着するまで、あなたの頭を剃ってはならない。あなたがたの中に病人、または頭（の皮膚）に患いのある者は、禁忌をするか施しをなし、または犠牲を捧げて（頭を剃る儀礼の）施しとしなさい。

またあなたがたが故障もないのに小巡礼をして、巡礼までの間を楽しむ者は、容易に得られる犠牲を捧げなければならない。もしそれを捧げることが不可能な時は、巡礼中に三日、帰ってから七日、合せて一〇日間（の斎戒・断食）をしなさい。これは聖なるマスジド（の所在地マッカ）に、家を持たない者に対する掟である（著者注：なぜならば、マッカであれば供犠の家畜を見つけられるという前提である）。あなたがたはアッラーを畏れ、またアッラーの懲罰は本当に厳しいことを知りなさい。」（雌牛章二・一九六）

このように続行不可能の場合は、基本的に犠牲を捧げるかあるいは一〇日間の日中の断食を行う。そしてこの罰則は、一般に巡礼中の諸義務が果たせなかったときの代償措置と同じ内容だから、率直なところさほど厳しいとは言えないであろう（諸義務不履行の場合の代償措置全体については、第2部2（1）「禁忌順守（イフラーム）」参照）。

（8）クルアーンから預言者伝承へ

さて以上を振り返って見て、巡礼行事の特徴的なものの一つであるミナーでの石投げ（ラムイ）への言及がなかった。石投げは、小石を悪魔退治のために投げつけるという儀礼で、巡礼月の十日から二ないしは三日間、しかも十一日以降は三カ所で行うという大規模なものである。ほとんど毎年、その混雑ぶりから何人かの犠牲者を出すほど熱の入る行事でもある。

しかしクルアーンにはこれについての言及がないのである。実際クルアーン全体を通じて、この用語はどのような文脈であれ一度も出てこない。この関連でもう一点、いわゆる巡礼の柱という重要な論点についても、何がそれらにあたるのかに関しクルアーンの中では明示されていないのである。

この事情の背景としては、すでにイスラーム以前からの慣習としてどれが柱かはほぼ確立された共通認識があり、その一々について改めてクルアーンの中で明言する必要がなかったからだろうという見方が広く取られている。巡礼の時期については、「巡礼（の時期）は周知の数月である。……あなたがた思慮ある者よ、われを畏れなさい。」（雌牛章二・一九七）とあったことが想起される。すなわち、ここでも「周知の」として、重要な巡礼の時期についても、すでに広く共通認識がもたれていたことを前提にしている。

ただ柱の中でも回礼だけは、聖マスジド到着時の回礼だけでよいのか、それともムズダリファから戻った後の回礼を別に行わねばならないのかの議論が当時からあり、そのため以下の表現で、最後の回礼は柱である旨が特記されたのではないかと解釈されている。(3)

「それからかれらの必要な儀式を終え、誓いを果し、そして古来の家（カアバ）をタワーフしなさい。」（巡礼章二二・二九）

最後の段階での回礼は「大挙の回礼（タワーフ・アルイファーダ）」という固有名詞で呼ばれることとなった。こうして回礼もいくつかの種類に仕分けられるなど、後代に至り活発な議論とその整理が進められることとなる。

注（1）本書で使用したクルアーン日本語意訳は、基本的には『日亜対訳・注解 聖クルアーン』日本ムスリム協会、第五刷、一九九六年に拠る。ただし引用上、随所調整した。
（2）アーダムがカアバを建てたのは狭い谷（バッカ）であったので、それが語源と考えるのが自然かもしれない。ただしマッカとバッカの違いについては種々の説がある。その一つは、カアバの場所を指すときはバッカ（カアバは家、アルベイトとも呼ばれるので、bの音が入るという点）、街全体を指すときはマッカと言っていたのが、バッカも街を指す場合が出てきたという。イスラーム以前から、街の名前としてマッカの他に六〇余りの名前が使われていたとの記録がある。そしてクルアーンの中では八つの呼称が出てくる（マッカ、バッカ、アルバラド〔邦〕、アルバラド・アルアミーン〔安泰な邦〕、アルバルダ〔町〕、マアード〔郷里〕、アルカルヤ〔村〕、ウンム・アルクラー〔諸都市の母〕）。以上については、アルファースィー、前掲書『聖地情報の飢えを癒すこと』第一巻、六五－七二ページ参照。
（3）本書「はしがき」で言及したインターネット情報 tohaji.com 参照。また巡礼の柱については、本書参考2「勤行・信仰・巡礼の柱一覧」を参照。

6　預言者ムハンマドと巡礼

預言者の言動を知る典拠は、いわゆる預言者の言行録である伝承（ハディース）である。多数の学者、知識人、そして一般信徒のすがるような強い気持ちが原動力になって、長年にわたってその内容の正鵠さに磨きがかけられてきた。(1)膨大な努力の蓄積である。それを読むと非常に鮮明に浮き彫りにされてくる映像は、イスラーム初期において、その教義や儀礼が固められ広く周知させられるまでには、どれほどに草創期の苦労があったかということである。

しばしば、教友たちは預言者のところへ行って、こういう場合はどうするのか、あるいはどう考えるのか、といった個別の質問を一問一答のかたちで事細かに問い質した。たとえば従来は巡礼月には、いわゆる小巡礼は認められていなかったが、この点はイスラームの下でどうなのか、といった大きな質問が出された。また女性の体調が整わない時には巡礼を続けるべきか、それとも断念すべきかといった問いかけも、泣きつく女性から直接預言者にぶつけられた。

物事がすさまじく激動し変貌する中を、預言者は精力的に教えを伝えつつイスラーム共同体を指導していった。アラビア語の原文でこのような息づかいが聞こえるように如実に伝わってくる個所も、できるだけ本書で汲み取れるようにしたい。

なお預言者伝承の中で巡礼の総論として一番多く引用されるのは、以下のものであろう。種々の注釈を付すよりも、そのままの文意を嚙みしめてほしい。(2)

「巡礼をする者は、猥褻な行いや不道徳な行いを慎まなければならない。（注：そうすれば過去の）いろいろな罪から（注：赦され）、母親が産み落とした日のように、立ち戻ることになる。」（アルブハーリーおよびムスリム他伝）

「最良のジハード（注：尽力・聖戦）は、敬虔な巡礼である。」（アルブハーリー伝）

「小巡礼と次の小巡礼までの間（に犯した罪）は贖われるが、敬虔な大巡礼の報奨は天国あるのみだ。」（ムスリム伝）

（1）最初で最後の「別離の巡礼」

預言者ムハンマドはイスラーム以前にも二回ほど巡礼をしていたと伝えられるが、詳しいことは知られていない。

西暦六二二年にアルマディーナへ聖遷（ヒジュラ）の後は、マッカに入れない時期がしばらくつづき、六二八年に小巡礼を試みたが不調に終わった。そこで同年、マッカ勢力とフダイビーヤの和議と呼ばれる協約を結んだ。そして翌六二九年、同和議に従って、ようやく三日間の小巡礼をアルマディーナから一緒に来た人々、約二〇〇〇人と一緒に果たした。[3]

これは「課題の小巡礼」（ウムラ・アルカディーヤあるいはウムラ・アルカダー）と呼ばれるが、「課題」とは果たすべき時に果たせず、前年から課題として残されていたという意味である。

さらに翌六三〇年についにマッカ解放がなり、それを契機にマッカ北方十数キロにあるジウラーナという地点で禁忌の状態（イフラーム）に入った、ウムラ・アッジウラーナと呼ばれる小巡礼を実施した。こうして、六二八年不発に終わった小巡礼や、次に述べる六三二年の大巡礼とともに行われる小巡礼を含めて、預言者ムハンマドは小巡礼を四回実施したと数えられることになった。
マッカ市外も回る大巡礼としては、六三二年三月、「別離の巡礼」（ヒッジャ・アルワダーイ）と呼ばれる巡礼を一回行いえただけだった。というのは、ムハンマドは六三〇年のマッカ解放後も、すぐには大々的には巡礼できなかったからである。そこにはまだまだ多神教徒や雑多な偶像崇拝者たちが横行し、彼らの異教的習俗がはびこっていた。とくに裸でカアバの周りを回ったりする習慣はできるだけ事前に廃止させようとし、そのために教友で後に第一代正統ハリーファ（カリフ）になるアブー・バクルらに先行させて、人々に悔い改めるように働きかけていた。そのときの様子は、クルアーンに次の言葉がある。
「（アッラーの）家における彼らの礼拝振りは、ただ口笛を吹いて両手で拍手するに過ぎない。あなたがたは不信心であったのだから懲罰を味わえ。」（戦利品章八・三五）
このような準備期間もおいて実施された「別離の巡礼」は、アラビア半島各地から来た信徒約一〇万人を引き連れて行ったという（ただしこの数は、当時からはっきりしていなくて、一一・四万人あるいは四万人など諸説あり）。いずれにしてもその膨大な数にもとづいて、この六三二年のことを、代表団の年（サナ・アルウフード）と言うようになった。なお一〇年前には、マッカから追われる身であったのが、こんどは何万もの信者と共に戻ってきたこと自体、奇跡的な業績で、アッラーのご助力の賜物であると見なされている。

巡礼の呼びかけの際に降りた啓示が、前に見た次のものである。
「人々に巡礼するよう呼びかけよ。かれらは歩いてあなたの許に来る。あるいは、どれも瘦せこけているラクダに乗って、遠い谷間の道をはるばる来る。」(巡礼章二二・二七)
この「別離の巡礼」終了後、八〇日ほどしてから預言者ムハンマドは他界した。あまりの急展開に、ほとんどの人たちはこの悲報を信じられないほどであった。

(2) 禁忌順守

預言者らは巡礼月の前月二十五日頃にアルマディーナから出発した。その際すでに巡礼衣を身に付けていたということだが、巡礼のための禁忌の状態(イフラーム)に入ったのは、一〇キロ南にある小さな村、ズー・アルフライファにおいてであった。同村に到着後まず洗浄し、村のマスジドで二回の礼拝(ラクアターニ)をした。現在ここの地名はアーバール・アリーに変わっているが、同じ泉の水は今も湧き出ているそうである。(4)

二回で済ませ、通常の四回の礼拝でなかったのは、すでに旅に出発していたので簡略化されたということである。またさらにマッカ寄りの地点まで進んでから小休止をとらなかったのは、何万人と集結し始めていたので、できるだけ一団としてのまとまりを早期に確保するためだった。

同村で一晩を過ごし、洗浄をし昼の礼拝（これも二回の短縮礼拝とした）を済ませてから、巡礼の意志（ニーヤ）表明をして禁忌の状態に入った。

その後のマッカへの往路はアッシャーヒス道と呼ばれたルートを取ったが、巡礼終了後の帰路はアルムアルラス道という別のルートを取った。往路と帰路はマスジド出入りの使用門と同様、預言者は必ず別にしていたそうである。この点は預言者の慣行（スンナ）として順守は求められないが、そうしたほうが恵みに与れるので、より好ましい行いとされている。[5]

またこの小さな村、ズー・アルフライファで預言者らは禁忌の状態に入ったので、異教時代よりはよほど北にあたるこの地点が巡礼の聖域の北端になった。聖域がかなり拡大されたことになる。[6]

（3）帰依の言葉（タルビヤ）

そこから四キロほどさらに南に進んだアルバイダーゥというところで、巡礼の際、アッラーを賛美し、アッラーに帰依する特別の言葉（タルビヤ）を預言者が唱え、人々はそれに従った。このようなタルビヤの類はイスラーム以前からいくつもあったが、新たに預言者ムハンマドはその最善のものを範として垂れたということになる。そしてこのタルビヤは巡礼に際して最も恒常的に耳にする、典型的な言葉になった。

このタルビヤの言葉をどのように繋げて発音するかは決まっており、次に実際に発音するとおりにカナ表記した。またこのタルビヤを本書本文としては例外的に、アラビア語でも記しておきたい。

لبيك اللهم لبيك، لبيك لا شريك لك لبيك

إن الحمد والنعمة لك والملك

لا شريك لك

「ラッバイカッラーフンマ・ラッバイカ・ラー・シャリーカ・ラカ・ラッバイク、インナルハムダ・ワンニウマタ・ラカ・ワルムルク、ラー・シャリーカ・ラク」

「あなたに仕えます、アッラーよ、あなたに仕えます。あなたに仕えます、あなたに並び立つものは存在しません、あなたに仕えます。称賛と恩寵は、あなたのもの、そして大権も。あなたに並ぶものはありません。」

以上の文言のほかに、信徒が自分で追加して少し異なる言葉を唱えても、内容的に支障ないかぎり預言者は意に介しなかったという。ものすごい数の信徒が全員この言葉を唱えながら、一斉に歩む情景はどれほど迫力に満ちていたことか想像に難くない。またその光景は今日でも、マッカとその近辺では毎年くり返されている。

なお以上のように、洗浄沐浴、巡礼衣着用、二回礼拝（ラクアターニ）、意志表明をして、禁忌の状態に入り、それからタルビヤを唱えて巡礼が始まるという手順がこれで確定したわけである。他方このような様式全体を勘案して、意志表明だけではなくタルビヤを唱えた時点で禁忌の状態に入るのだとする議論も、後代になり一部の学派から出されることにもなった。(7)

最後に預言者ムハンマドたちが禁忌の状態に入った場所についても、細かくは後代の学者の間に異説がある。しかしタルビヤの行われたアルバイダーゥも、巡礼の意志表明のあったズー・アルフラフウファイ村の一部と見なされていたということから、禁忌順守はズー・アルフライファで始まったという見解で決着がついている。

（4）マッカ到着

ついで約四五〇キロにわたる羊腸の道をたどり、南方にあるマッカに到着した。この間は大小の岩石の転がる、大変な岩漠である。預言者のマッカ到着は午前中だったが、それは倣うべき慣行には数えられていない。またどの門から聖マスジドに入ったかも同様である。(8)

最初に黒石に接吻し、ついでカアバ聖殿のまわりを早足で三周し、その後並足で四周し、合計七周の回礼（タワーフ）を行った。早足（ラムル）にした理由は、ムハンマドらが長旅で疲れているとマッカの住人が冷やかしたので、アルマディーナからの同行者と共に元気なところを見せるためで、預言者の一つの知恵として数えられている。

他方預言者は取り囲む人たちが多いので、その人たちにも見えるようにとの配慮から、ラクダに乗ったままで回礼したとも伝えられている。したがって黒石への接吻も、杖で触れてその杖に接吻したということである。なお現在では、混雑のため三周の早足は事実上難しくなり、もちろんラクダなど動物に乗ることも許されず、また杖や棒などの使用は認められていない。

その後、イブラーヒームの立処（マカーム・イブラーヒーム）を前にして、二回礼拝（ラクアターニ）したが、その際クルアーンの「不信者たち章」と「純正章」が唱えられた。またアルマディーナで降りていた啓示で、すでに言及したものだが、次の聖句を唱えた。

「われが人々のため、不断に集まる場所として、また平安の場所として、この家（カアバ）を設けた時を思い起せ。（われは命じた）『イブラーヒームの（礼拝に）立った所を、あなたがたの礼拝の場としなさい。』」（雌牛章二・一二五）

それから預言者ムハンマドはまた黒石に接吻し、その後ザムザムの水を飲んだ。

（5） 早駆け

次は預言者イブラーヒームの妻ハージャルの水探しの苦労に因んだ、サファーとマルワ間の早駆け（サアイ）の儀礼である。まずサファーの地点に立ったとき、カアバ聖殿が下に見えたので、その方向に向かってタフリール（アッラー以外に神はない）とタクビール（アッラーは偉大なり）を唱えた。ついでこれに関するアルマディーナ啓示で次のものを唱えた。

「本当にサファーとマルワは、アッラーの印（宗教儀式）のうちである。」（雌牛章二・一五八）

それについで祈りの言葉（ドゥアー）を唱えてから、マルワに向かい、そしてマルワでも同じ言葉を唱えた。この言葉は日本語だけを紹介しておく。

「アッラー以外に神はない、それに並び立つものはない。かれに大権と称賛を。かれは全能である。アッラー以外に神はない、かれが約束を成就し、その僕に勝利を授け、（敵の）徒党を滅ぼされることを。」この祈り（ドゥアー）を三回唱えた。

サファーとマルワの間を三・五往復、合計七回歩いたが、その途中にある緑の印の間は悪魔のつぶやきがあるとされ、古来の慣わしどおり駆け抜けた。その後少し髪を切ったが、預言者ムハンマドの髪の毛は恩恵（バラカ）をもたらすとして、まわりの人たちが少しずつもらったそうである。(9)

（6）ミナーへ

回礼と早駆けという二つの儀礼を済ませ、巡礼月四日の昼過ぎにはアルアブタフと呼ばれるマッカ郊外の地点に出た。それから毎日、礼拝と祈りの日々を過ごした。

そして大巡礼用の供犠の家畜を連れて来ていなかった人たちは、アルアブタフまでを小巡礼と見なしそこでいったん禁忌を解き、アラファートでの留礼までにある四日間の時間を利用して家畜を準備し、八日の日に改めて禁忌に入り大巡礼に参加すべきである、と教えを垂れた。時間的な余裕が見出せたことと、犠牲を捧げる行為をアッラーへの篤信の表れとして重視したことの結果であった。

大小の巡礼を分けて行う仕方は、今日では堪能（タマットゥウ）方式と言われるものに結実した。なお預言者自身は家畜を伴っていたので、小巡礼としていったん巡礼衣を脱ぐことはしないで、続けて全行程を全うする連結方式（キラーン）を取ったわけである。今ではもう一つ、大小の巡礼を時期的に分けて行う、単独化（イフラード）といわれる方式もあるが、これら組み合わせの方式については後述する。

間もなくすると巡礼月八日にあたるが、この八日の日のことを、水調達の日（ヤウム・アッタルウィヤ）と呼ぶ。次の九日には断食が禁じられるほどに厳しいアラファートの丘での留礼という勤行が待っているので、人用にも動物用にも水を十分補給するようにという趣旨である。

預言者は八日午前、マッカ郊外のアルアブタフから、アラファートまでの途中地点にあるミナーに移ったが、マッカからミナーまでは五キロ余りある。そして預言者はミナーにおいて、午後、夕方、日没、夜間、そして暁の五回にわたり、それぞれ二回の礼拝（ラクアターニ）をした。その場所は現存するマスジド・アルハイフの建てられている地点であった。

（7）別離の説教と留礼

ヒジュラ暦一〇年巡礼月九日（西暦六三二年三月七日）には、いよいよアラファートの丘の留礼（ウクーフ）に向かった。そしてその日はアッラーの祝福がある金曜日でもあった。

クライシュ族はイスラーム以前の巡礼として、アラファートまで行かないでその手前で留まる慣習だった。それはミナーからアラファートへの道のりにあるムズダリファの谷、アルマシュアル・アルハラーム（聖なる儀式所）と呼ばれる地点である。それで他の諸部族とは違うところを示していたという。しかし預言者はこれを無視し、そこを通過してアラファートの丘まで行き、人はみな平等であることを実行で示し、悪徳な慣行を改めた。

アラファートの丘まで行くべき旨は、次の啓示に示されている。

「それで、人々の急ぎ降りるところから急ぎ降り、アッラーのお許しを請い願いなさい。誠に、アッラーは、寛容にして慈悲深くあられる。」（雌牛章二・一九九）

さてアラファートに到着した後、預言者は有名な説教である「別離の説教」（フトバ・アルワダーイ）を行った。その内容はイスラームとその共同体の結成にとり、真に歴史的なものとなった。時代も場所も違うが、この説教を読むと直ちに連想させられるのは、米国の南北戦争の時にリンカーン大統領が行った奴隷解放のゲッティスバーグ演説である。一つはアラビアの荒野で、もう一つは殺伐とした戦闘を終えて行われたのだが、眼前の厳しい現実を踏まえながらも高邁な理想に導かれ、人々に進むべき新たな方向を高らかに指し示したのであった。(10)

この「別離の説教」も預言者伝承のかたちで伝えられている。しかし全文が初めから終わりまで整った形で残されているわけではない。以下、この説教の要点をまとめてみよう。

「人々よ、私の言葉を聞け。今年を最後に、この場所でまたあなた方と会うことはないかも知れない。人々よ、あなた方の血、財産は、今日のこの月、日が神聖なように、侵すべからず神聖である。アッラーに会う日には、あなた方の行いにつき、問いただされる。……あなた方の財産を不当に扱い、あるいは不当に扱われることをなくすため、高利貸しはアッラーが禁じ、廃止された。……無明時代の血の復讐も廃止された。……シャイターンはあなた方が忌み嫌う行動を喜ぶので、（シャイターンは）あなた方から、遠ざけるように……。

忘却は不信仰の元になる。アッラーが自由を許された月と禁忌を設けられた月を勘違いするようなことさえある。……一年は一二カ月で、そのうち神聖な月は三カ月と七月（注：ここの三カ月は巡礼期間の三カ月より一カ月遅れて、十一月のズー・アルカアダ月、十二月のズー・アルヒッジャ月、そして翌年一月のアルムハルラム月を指す。七月はラジャブ月）の計四カ月である。(11)

それから女性に対して権利があるごとく、女性にもあなた方に対して権利がある。……彼女らには、適切な食料と衣類を与えるべきだ。……アッラーの御名において彼女らを娶っているのだから。……クルアーンと私の言動に従えばあなた方が迷いに入らないために十分なものとして知らせたのだ。……どのムスリムも互いに兄弟であることを知り、ムスリムは全員同胞だということを知れ。……」[12]

この説教後、次のイスラームの完成に関する有名なクルアーンの聖句が啓示された。

「今日われはあなた方のために、あなた方の宗教を完成し、またあなた方に対するわれの恩恵を全うし、あなた方のための教えとしてイスラームを選んだのである。」（食卓章五・三）

この感動的な一句については、お祝いをしてもよいほど格別な意義があるとする、次のようなよく知られた話がある。少し後代のことだが、第二代正統ハリーファのウマルに信者たちが、もしこれが今日現在降りていたのならばこの日を祝日にするでしょう、と言ったのに対し、ウマルは「この聖句は間違いなく二つの祝いの日に降りたことを証言しよう。それは、預言者がアラファで留礼されたアラファの日だということと、もう一つは金曜日であった、ということだ」と答えたとのことである（ただしこれには別の解釈として、この聖句が降りたのは日没後で、すでにその時点で十日になっており、したがって二つの祝日とはアラファの日の金曜日と十日の犠牲祭の二つだ、と説明する説もある）。

このように、「別離の説教」はさまざまなイスラーム共同体の基本綱領をはっきりと定め信徒に告げたことから、別名「宣告の説教」（フトバ・アルバラーグ）とも言われる。あるいは上の「食卓章五・三」の啓示が降りたので、「完結の説教」（フトバ・アッタマーム）とも言われる。

説教の後、昼と夕方の両礼拝をそれぞれ二回礼拝（ラクアターニ）に短縮して、さらにそれらを続けて行った。この短縮され合体されたやり方（アルカスル・ワ・アルジャムウ）はアラファートでの特別の礼拝方法となった。それから日没後まで、留礼をカアバ聖殿への方向、すなわちキブラの方向に向かって行った。その時、預言者は謙虚に手を胸に置いて、貧しい人が何か食べ物を請うているかのような風情であったと伝えられている。しかし同時に、立ちながらも多くの信者と会い、できるだけ彼らの質問を受けまた挨拶を交すこともあったそうである。

なお留礼をするにはアラファートの地にあるラフマ山（六〇メートルほどの高さの岩山）に登る必要はなく、アラファートの地であればどこでもよい。事実、預言者がウクーフしたのは、ラフマ山の麓だったのである。だが「別離の説教」は山頂だったと信ずる向きもあり、そこには現在、記念のため三メートルほどの白い塔が立っている。どうしてもという人たちは九日、朝日が昇る前にその塔の近くに留礼の場所取りをするが、それは慣行（スンナ）にもなっていない。むしろ巡礼誤解集といった巡礼者向けの解説書に必ず出てくる誤解の一つである。

この後、日没を待って、預言者らはアラファートを去り、ミナーとの中間地点のムズダリファに戻った。

(8) ムズダリファからミナーへ

ムズダリファまでの砂漠の行程を、預言者は疲れた足を伸ばしたりしながら、ラクダ（預言者のラクダはアルカスワーゥと呼ばれた）に乗って戻った。その際には、預言者は「ゆっくりと、静粛に、静粛に」と何度も信者を諌めたそうである。走って戻るのがそれまでの慣わしだったが、それも改め敬虔な気持ちを維持しつつ、走らずに歩く速度で行くように改めようとしたのであった。なおアラファートへの往路は、ダブ経由、ムズダリファへの帰路はアルマアズマイン経由のルートが取られて、往復は同じ道のりを取らない範を示した。

ムズダリファ到着後は、日没後と夜の礼拝をそれぞれ二回（ラクアターニ）に短縮して、かつそれらを続けて行った。この短縮され合体された仕方は、アラファートの丘同様、ムズダリファ到着時の特別の礼拝方式として定着した。

十日の暁も早い時間に礼拝をすませた後、近くのアルマシュアル・アルハラーム（聖なる儀式所という意味）と呼ばれる地点に移り、それからキブラに向かって留礼を行い、祈りを捧げた。なおアルマシュアル・アルハラームは、クライシュ族がイスラーム以前にアラファートまで行かずに、巡礼の東の端として済ませていた地点だった。それから従来、日の出後アルマシュアル・アルハラームにおいて供犠をしていた習慣も改めるため、日の出前に留礼し朝早くに供犠しないで同地を出発した。預言者はこのようにきめ細かく、往路と復路の双方でクライシュ族の習俗に変革をもたらしたのである。

その後、日の出前に西方約一〇キロにあるミナーに戻った。ミナーへの道々、同じラクダに同乗した青年アルファドルが道行く女性に気を取られがちなので、預言者は何回かその顔を向け直して、たしなめる一幕もあった。なにか微笑ましい光景である。

ミナーでは悪魔を追い払うための石投げを、アカバの谷にある一番大きな石投場で行った。小さい石を七つ投げたが、預言者はラクダに乗ったままで行った。これは現在では危険でもあり許されていない。預言者はこの石をムズダリファを出る前に集めたらしいが、その場所については諸説紛々ではっきりしていない。

ついで自分の年に合わせて六三頭のラクダを犠牲に捧げた。もともと百頭ほど連れていたので、残りは同行のアリー（後の第四代正統ハリーファ）に屠殺させた。そしてその供犠の肉を食し、スープを飲んだ。この儀礼のため、十日の日を屠畜の日（ヤウム・アンナフル）と呼んでいる。

またそれから前と同じ散髪人を呼んで、こんどは完全に剃髪をした。そして以前と同様に、その切り取った髪を教友たちに分け与えた。この剃髪も巡礼の柱ないしは義務に入っている。

そしてこれで、巡礼の禁忌は女性との関係を除いては解かれるという、いわゆる第一次解禁（アルイフラール・アルアウワル、別名は小解禁）ということになる。一部に石投げの段階で解禁だと言う人もあれば、供犠の段階でそうなるとする説もあったが、いずれにしても剃髪まで済ませば全く何の問題もないわけである。そしてさらに、石投げ、供犠、剃髪という、ここでの儀礼の順序も意味が出てくることになる。

次はミナーでの説教である。その説教のテキストはアラファでの説教よりまとまっていない。断片的な伝承が多いが、全体の内容としてはアラファでのものと大同小異のようである。ミナーでの説教には出てこなかったいくつかの追加部分について、以下に紹介する。(13)

「あなた方の主は一つではないか、またあなた方の祖先も一つではないか。それならばアラブが非アラブより良いということはなく、また黒色が赤色より上だということもない。（注：優劣が）あるとすれば、それは（注：アッラーへの）畏れ如何だけである。私はそう宣告したのではなかったか。……それならばそれを、ここにいない人たちにも知らせなさい。」

「アッラーを畏れ、日に五回礼拝せよ。また定められたその月には、断食を。そしてあなた方の財産から喜捨を施し、それから良識の人たちに従いなさい。そうしてあなた方が、どうかアッラーの楽園に入られるように。」

「（石投げを忘れた人に対して）これからでも構わないよ。（回礼を忘れた人へ）これからでも構わないよ。（供犠の前に剃髪をしてしまった人へ）これからでも構わないよ。アッラーは気まずさを追いやってしまわれたのだ。ただしムスリムとしての命令を放り投げる人はダメで、そんな人には気まずさと破滅がある。アッラーは病（ダーゥ）に対して薬（ダワーゥ）をさしのべておられるので、さもなければ崩壊があるのみだ。」

「私を見て、あなた方の儀礼を知りなさい。この巡礼の後は、もう私は巡礼できないかもしれない。」

このミナーでの説教も、アラファのと合わせて「別離の説教」と言われる。それよりもむしろ、ミナーでの説教の終わりに預言者自身が、「これは別離の説教だ」と述べたと伝えられる。しかしアブー・バクルやウマルなど一部側近を除いては、まわりで聞いていた人たちはこれが最後になるとは思わなかったということである。アラファでもミナーでも、お別れの言葉と思われるものが入っているのに気づかれなかったということは、それほど預言者の様子は矍鑠《かくしゃく》としていたということであろう。

この後マッカへ日帰りで行き、カアバ聖殿で午後の礼拝をし、ザムザムの水を飲んだ。この際のカアバ聖殿周辺での回礼は、アラファートの丘からどっと大挙して降りてきた後なので、タワーフ・アルイファーダ（大挙の回礼）と言われるが、それは大巡礼の柱に入っている。また預言者はすでに当初の小巡礼の中で早駆けを済ませていたので、今回の「大挙の回礼」に際してはそれを再びはしなかった。こうして巡礼中、回礼とは異なり、早駆けは一度だけするものとなった。また預言者は側近者に対して、マッカの扉に手をやりつつ、将来は裕福な者は遠足気分で、中流階級は商売のために、そして貧困層は気取りや衒《てら》いのためにに巡礼するかもしれない、と言って、先々巡礼の精神が失われないように警告したとも伝えられる。

(9) アルマディーナへの帰路

最後に預言者らは、十一日から十三日までミナーに留まり、また石投げを続けた。

またこの時間を活用して、預言者の妻アーイシャら一行の中の女性で体調不調のため大巡礼に加わることを先の四〜八日の間にミナーで断念した人たちが、改めて禁忌に入り小巡礼をすることができた。この女性たちは、いったんはマッカ近郊のアルタンイームと呼ばれる地点まで出て、そこでイフラームをしてから小巡礼に入った。これらはすべて預言者が示唆したところに従って行われた。

十四日、ミナーから出て、最後にマッカで「別離の回礼（タワーフ・アルワダーイ）」を済ませてアルマディーナへの帰路（すでに触れたアルムアルラス道）についた。その際、預言者はザムザムの水を持って帰り、その途中でも人に分け与えたということである。なお急ぎの用がある人は、十二日までミナーに逗留すればそれでよいとされた。

最後に預言者ムハンマドが「別離の巡礼」終了後に、アルマディーナに戻ってから語ったという感想を挙げておきたい。厳しい描写ながら、巡礼本来の意義が飾らずに打ち出されている。「アラファの日（ヤウム・アラファ）以上にアッラーにとって、良い日はないだろう。恵み多き至高のアッラーは、この世の空に舞い降りる。そして地上の人や天上の人に、威厳を持って言われる。私の下僕たちを見よ、バラバラになって、塵のようで、息も絶え絶えだ、彼らはいたるところから来ては、私の恵みを望んでいるが、私の下す罰はまだ見ていない、と。本当にアラファの日以上に、獄火が昔からあることを見せ付けられる日はないのだ。」(14)

注(1) アフマド・アブド・アルガッファール・アッタール『預言者の巡礼』ダマスカス、サウジ巡礼・宗教財産省出版、一九八六年。全四六四ページにわたる大部の徹底的な研究書で、多くの逸話も含む。本章は同書に多くを負っている。また『日訳サヒーフ　ムスリム』日本ムスリム協会、一九八八年、第二巻、三〇九－三一七ページ「別離の巡礼に関して」は必読。

(2) 本書で引用した預言者伝承（ハディース）はすべて著者訳。

(3) フダイビーヤの和議が結ばれたのは、同地のマスジド・アッシャジャラ（樹木モスク）にあった木の下であったが、それは桜の木であった由。日本から見れば格別の興味が惹かれる。樹木モスクは別名、マスジド・アルカラズ（桜モスク）とも呼ばれたが、この木は預言者所縁の木であり、その後人々が聖木として崇め始めたので、第二代正統ハリーファ・ウマルが伐採を命じたとされる。アルファースィー、前掲書『聖地情報の飢えを癒すこと』第一巻、二六八－二六九ページ参照。

(4) 二直立、一屈折礼、二平伏、二座礼を組み合わせてイスラームの礼拝は構成されているが、それを二回(ラクアターニ)くり返して礼拝の一単位とする。『岩波イスラーム辞典』「サラート」や『イスラーム世界事典』(明石書店)「祈り」の項目を参照。ただしいずれも巡礼や旅行中の短縮礼拝(四回のところを二回の礼拝で済ます)や合体礼拝(昼と午後、あるいは日没後と夜の二つの礼拝を続けて済ます)についての言及はない。

(5) アッタール、前掲書『預言者の巡礼』三五八ページ。

(6) マッカの「聖地」はほぼ二〇キロ四方の広さで、殺傷しないこと、樹木を切らないこと、狩は禁止されることなどが主な禁則内容であり、巡礼の「聖域」とは異なる。なおこの聖地マッカの範囲は天地創造の時から定まっていたが、預言者イブラーヒームがその標識を初めて設けたとされる。この範囲について次のような興味ある説がある。「一に、アーダムが大地に降りたとき、シャイターンから守るために天使たちが遣わされ、彼らの立った地点で囲まれた範囲、二に、預言者イブラーヒームがカアバ聖殿を再興するときに黒石が放った光が到達した範囲、三に、天と地にわれのもとに来たれとアッラーが命じられたとき参集した土地の範囲(フッスィラ章四一・一一)」、これら以外の説もあると記されている。アルファースィー、前掲書、第一巻、七三ページ。歴史的に幾度も標識は改められてきたが、一般にこの範囲は、アッタンイーム(マッカ北方一〇キロ)、アダーフ(マッカ南方一二キロ)、アッジウラーナ(マッカ東方一六キロ)、ワーディー・アンナフラ(マッカ北東一四キロ)、アッシャムスィー(マッカ西方一五キロ)の五つの地点で囲まれる。アッサイイド・サービック『スンナの法学』ドーハ、一九八五年、第一巻、二八八-二八九ページ。

(7) この点については、第2部2(1)「禁忌順守(イフラーム)」参照。

(8) 聖マスジド到着は午前、午後を問わず、またどの方向からでもかまわないという点は、アッタール、同掲書、九〇ページ。ただし預言者は東北側のバヌー・シェイバ門(後に改名されてサラーム門)

から入ったので、以後巡礼者は競ってこの門から入ることとなった。なお預言者が聖マスジドを最後に出たのは、東側のサファー門とされる。アルファースィー、前掲書、第一巻、三七九－三八四ページ。アッタール、同掲書、二〇〇ページ。

(9) 預言者はここでは禁忌を解かなかったのだから、散髪しなかったという見解もある。他方で、散髪屋の名前まで記録にあり、それはムアンマル・ブン・アブド・アッラー・アルアダウィーと言う。七世紀前半の記録としてはその細かさに驚かされる。さらにヒジュラ暦六二九年、「課題の小巡礼」の際の別の散髪屋の名前も記載あり。アッタール、同掲書、一三五ページ。また「別離の巡礼」中、ここで預言者がした散髪は禁忌解除にあたるのかという疑問も出されてきたが、そうではなく習慣としての調整にすぎないという理解についても、アッタール、同掲書、一三三－一三五ページ参照。

(10) 本書では別離の説教はアラファートで行われたという従来説に従った。預言者はアラファート南側のナミラに張られたテントで洗浄、休息し、その後東側のアラファの谷に移って説教し、またそこで礼拝後、ラクダで留礼の場所である北側のラフマ山麓に移ったとするのが従来説。しかし預言者伝承には説教をした地点は「谷」とだけあるので、この「谷」はアラファの谷ではなく、西北側のウラナの谷であるという見方も出されている。その場合でも、礼拝はアラファの谷で、そして留礼はラフマ山麓で行ったということは変わりない。ウラナの谷まで預言者が足を伸ばしたとすれば、何万という信者のできるだけ多くと接する機会を設けようとしたとも推測される。

なおサウジアラビア政府調査の結果、ウラナの谷はアラファートの一部ではないと認定されているので、巡礼者が間違ってウラナの谷で留礼しないように現在は大きな標識が掲げられている。また預言者のテントのあった地点に建てられたマスジド・ナミラの西部分はアラファートの外にあるが、マスジドへの入り口はアラファートの内側の東側にあるので、同マスジド内での留礼は有効と認められている。アッタール、前掲書、一五五－一五七、一九〇－一九一、二〇一ページ。

(11) イスラーム以前は、三年に一回、閏月を入れて太陰暦の遅れを取り戻していた。太陽暦の三六五日から太陰暦の三五四日を引いた残余の一一日ほどが毎年のずれであるから、閏月によってそれを回復することになる。なお預言者はここで閏月を禁じ、現在も施行されているヒジュラ暦方式を確定したということになる。ヒジュラ暦に閏月はないので、毎年一〇日ほど太陽暦より短くなる。

(12) イブン・ヒシャーム『預言者伝記』ベイルート、一九三七年、第四巻、二七五－二七八ページ参照。ムスタファー・アッスィバーイー『預言者伝』中田考訳、日本サウディアラビア協会、一九九三年、一四三－一四五ページ。

(13) 以下四つの引用中、前二者は、イマーム・アブー・アルファラジュ著、ムハンマド・ザハリー・アンナッジャール校訂・注釈『選ばれた人の事情に関する情報』リヤード、出版年不詳、第二巻、二〇七－二〇八ページ。後の引用二つは、アッタール、前掲書、二九四－二九五ページ。

(14) アッタール、同掲書、三五〇ページ。

7 巡礼の功徳

ア 一般的な功徳

巡礼はイスラーム信仰にもとづき、その信心ゆえにアッラーとの対峙を求めるところから思慕の気持ちがつのるにしても、そもそもそれはアッラーの命じられた信仰上の義務であり、その一言で本来は必要かつ十分な動機であるはずである。しかし現実的にはそれにいろいろな修

飾や、場合によっては庶民的な尾鰭のようなものも付いてきた。(1)

信心が深まりまた人間的にも向上し、それが個人的だけでなく国や社会へも大変寄与するという抽象的な功徳は勤行すべてに共通だから、格別巡礼だけというものではない。ただし巡礼では他の勤行で実見できない事柄として、大変な数の人たちと一緒の白装束で、あたかも最後の審判に臨むような場面に臨むということがある。また人類の祖アーダム以来の所縁の聖殿を訪れ、アッラーとの契約を更《あらた》め、実際に啓示の降ろされた場所などを巡るという、人生またとない衝撃の瞬間を通過すること、また長時間熱気の下での堅忍苦行の時間を多数の人々と過ごすことにより、人間としての協力の精神、同胞愛、犠牲心、団結心、忍耐力そして平等感を涵養する良い機会になることも間違いない。

イ　具体的な功徳

その筆頭に上げられるのは、巡礼中に亡くなった人たちは、天国へ行くことが約束されているという。天国行きについてはいくつかの預言者伝承に出ているが、以下の伝承は高名なイスラーム神学・法学者アルガザーリー（西暦一一一一年没）の選んだものである。(2)

「敬虔な巡礼はこの世のあらゆるものより良い。それには、天国という報奨があるだけだ。」

「二聖地（注：マッカとアルマディーナ）のいずれかで亡くなった場合には、最後の審判は受けずに天国行きが命じられる。」

「断食直後、戦闘直後、そして巡礼直後に亡くなった者は、殉教者である。（注：そしてそのまま天国へ行き、アッラーの近くに侍ることとなる）」

「大と小の巡礼者は、崇高なアッラーの団体訪問客で、お願いすれば与えられ、お許しを請えば許され、祈れば応答があり、嘆願すればそれが通るのだ。」

「マッカには一日のうちに一二〇のアッラーの恵みが下ってくる、その中の六〇は回礼する人たちに、四〇はそこで礼拝する人たちに、残る二〇はそこで見ている人たちに。」

「マッカに巡礼する人たちは、天使が出迎える。ラクダに乗る人たちには挨拶し、ロバに乗る人たちには握手し、徒歩の人たちは抱きしめて。」

アリー・ブン・ムワッファクという人が預言者に代わって巡礼することがあったので、預言者は言った。

「それについては最後の日に報奨してあげよう。あなたの手を取って、天国に入れるようにしよう、他の人には厳しい審判が下るとしても。」（注：アルガザーリーはこれも引用しているが、この伝承は信憑性の薄いとされるサーヒブ・アルイラーキー伝）

ウ　マッカとカアバ聖殿の功徳

次に、マッカとカアバ聖殿の功徳については、どのように言われるのかを見てみよう。同じくイスラーム神学・法学者アルガザーリーに従い、いくつかの預言者伝承を引用する。

「アッラーはこのカアバ聖殿を毎年六〇万人が巡礼すると約束され、またそれより少ない年には、天使でその数を満たすとされている。カアバ聖殿に人が集まるのは、行列して練り歩く花嫁に人が群がるようなものだ。巡礼者は凡て、カアバ聖殿に掛けてある幕にすがり、それでもって天国に行くことを祈念している。」

「黒石は天国の宝石だ。それには二つの眼と舌があり、復活の日には、誰が誠心誠意に接吻したかを物語る。」

「アッラーは毎夜、大地の人を見られる。最初に見るのはマッカの人、次にマッカのうちで見る人は聖マスジドにいる人たち。そしてそのうち、回礼している人たちは許され、また礼拝している人たちも許され、さらにカアバ聖殿に向かって立ち尽くしている人たちも許される。」

このように、多くの預言者伝承で、マッカとカアバ聖殿についての功徳が語られている。カアバ聖殿やその周辺は洪水で荒らされることが何回もあったが、その手当てが遅れ七年間も巡礼が滞ることがあれば、クルアーンから文字が消え去ってしまうぞ、といった警告の伝承もある。

マッカが功徳の多いところであればあるほど、そこに長期間逗留する人たちが増えたのも自然かもしれない。しかしそれは、聖地の管理上問題視された。預言者伝承に言う。

「私にとってマッカは、アッラーの最良の土地であり、最愛の場所であるので、出されなければそこを離れることはなかっただろう。」これは六二九年「課題の小巡礼」の際に、三日間で巡礼を済ませてマッカを出なければいけなかった際の言葉である。

またクルアーンにも次の聖句がある。

「そこ（マッカ）の居住者であろうと、外来者であろうと凡て、われが人々のために建立した聖なるマスジド（に入ること）を拒否する者、そしてその中で神聖を汚し不義を企てる者には、われは痛ましい懲罰を味わせるであろう。」（巡礼章二二・二五）

以上のような巡礼やマッカとカアバ聖殿の功徳のさまざまを挙げれば切りがない。

注（1）　たとえば多くの巡礼者が功徳や恩恵（バラカ）を求めて啓示が初めて降ろされたヒラーの洞窟を訪れるが、それは巡礼の行程には入っていない。サウジアラビアではむしろ聖跡忌避の観点からそれを戒めている。

（2）　アブー・ハーミド・アルガザーリー『巡礼の秘密』ベイルート、一九八五年、二五－五六ページ。

第2部　巡礼本論

ここから現代の巡礼として、われわれ自身の実践課題として述べることにする。各儀礼に沿って進めるが、その仕方や作法に加えてそれぞれの信仰上の意義、歴史的な由来、時には語源、さらには人々がどのようにそれらを称えてきたかといった諸点も十分に汲み取りたい。(1)

注(1)　巡礼実施の方法を学ぶことは重要としても、すべて細則まで暗記しなければ巡礼できないわけではないので、始める前からあまり心配する必要はない。巡礼団にはムシュリフ（監督・指導者）がいるうえに、現地でも細かに互いに確認しあいながらその行程を進めるケースが少なくない。また現地で法学相談のシステムも準備されている。

1　巡礼の三方式と実施条件

(1)　三方式

ア　大小巡礼の確立

巡礼には三つの方式があり、それのどれをとるかは各自が決める必要がある。この三つの方式とは、いわゆる大小の巡礼の組み合わせ方による。(1)

両者の違いの第一は、まず実施時期である。大巡礼の行われる時期以外に、個人あるいは集団の意志で小巡礼は行われる。なおこのように任意に実施される小巡礼とは別に、大巡礼の一部として直接、間接に連続したかたちで行われる小巡礼もある。内容が同じなので同一の名称で小巡礼と呼ばれるにしても、実施のタイミングは二通りあるので混同しないようにしたい。

大小両巡礼の第二の違いは、実施する行程や儀礼の内容の違いである。

大巡礼の儀礼中必要不可欠な柱とされるものに、巡礼衣に着替えて禁忌を守ること（イフラーム）、アラファートでの留礼（ウクーフ）、その後の剃髪（ハルク、ただしシャーフィイー学派は柱とするが、それ以外の学派では義務とする）、大挙の回礼（タワーフ・アルイファーダ、剃髪後マッカへ戻り行う回礼）、そしてその後に行う早駆け（サアイ）の四つないしは五つである。これらの柱はすべて実施されない場合、巡礼そのものが成立しないと認定される諸事項である。

小巡礼では留礼（ウクーフ）は含まれない。それ以外の基本的な内容はほぼ同様と言える。ただし細かく見れば、小巡礼でマッカ到着時に行われる回礼と早駆け（サアイ）が、大巡礼の際、最後の段階に行う大挙の回礼（タワーフ・アルイファーダ）とその後行う早駆け（サアイ）に相当するような位置づけになる。また剃髪（ハルク）の場所については、それぞれ諸行事が終了する地点で行うので、大巡礼ではミナーあたりで行い、小巡礼ではカアバ聖殿のすぐ外のマルワで行う点が異なる。(2)

このように構造的にはあまり変わらないのであるが、アラファートでの留礼（ウクーフ）を頂点とする荒野での行事とその前後の諸行事（ミナーの宿泊、ムズダリファの野営、石投げ、ミナーでの逗留など）の肉体的消耗はかなりなものがあるので、大小巡礼の具体的な内容や負担感は比較にならない差がある。

イ　大小巡礼の組み合わせ方

それでは、これらの大小の巡礼をどのように組み合わせるのであろうか。ここでは自発的に任意に行われるものではなく、大巡礼と連関して行われる小巡礼に絞って話を進める。

大小巡礼の組み合わせ方として、伝統的に三方式ある。つまり大巡礼の後に小巡礼をする、その逆に小巡礼を先にして続けて大巡礼をする、あるいは小巡礼の後いったん時を置いてから大巡礼をする、これらの三種類である。(3)

第一は、まず大巡礼だけを済ませていったん禁忌を解くが、時間を置いてから別途小巡礼を行う方法である。この小巡礼は何月でもできる。この方式は大巡礼だけを単独でするので、単独化（イフラード）と呼ぶ。九日午後、アラファートの丘へ行くのに時間が迫っていれば、当初の聖マスジドへの挨拶である到着の回礼（タワーフ・アルクドゥーム）は慣行（スンナ）であり義務ではないので省略でき、また早駆けも大挙の回礼の後にすることになる。そして改めて後日、時を定めて小巡礼をすることになる。

第二は、大巡礼を小巡礼に続けて、あるいは合わせて同時にする仕方である。これは連結

（キラーン）と呼ぶ。早駆け（サアイ）は、初めの小巡礼の際にすることも可能だし、あるいは最後の大挙の回礼（タワーフ・アルイファーダ）の後にすることもできるが、いずれかの一回だけである。また単独化と同様に、時間がなければ到着の回礼はやむなく省略でき、早駆けは大挙の回礼の後にすることになる。この場合は大挙の回礼と早駆けは大巡礼であるから、これだけだと単独化の大巡礼と何も変わらなく見えるが、じつは巡礼の意志（ニーヤ）表明の立て方に違いがある。このニーヤについては禁忌順守の問題として次章で取り上げる。

第三は、初めに小巡礼を済ませて禁忌を解禁後、さらに少し後から改めて巡礼衣に着替えて禁忌状態に入り、それから通常のハッジを行う仕方である。この組み合わせ方は、堪能（タマットゥウ）と呼ぶ。なおあまり大小の巡礼の間が空かないように、この方式の小巡礼は、十、十一月あるいは巡礼月初めに実施する必要がある。大小の二度、別々に早駆けをすることになる。この小巡礼および大巡礼を行うのは代理人であっても同一人物であることが必要で、片方あるいは両方を異なる代理人に依頼するというわけにはいかない。

ではこれら三つのうち、どれが一番良いのであろうか。預言者の「別離の巡礼」は、多くの伝承学者は連結（キラーン）で行われたとしている一方で、それは堪能（タマットゥウ）であったとする説も一部にある。他方、堪能（タマットゥウ）が一番良いと預言者が言ったという伝承も残されている。第二代正統ハリーファのウマルは、単独化（イフラード）が良いとしたということである。また四大法学派はそれぞれに異論を提出している。一般論としては、たしかに気持ちを改めて大巡礼に入るので、堪能（タマットゥウ）が連結（キラーン）よりは丁寧かもしれない。いずれにしても、信仰上の義務履行としてはいずれも価値が変わるものでない、というところに落ち着く。

ウ　女性の場合

女性で月経や産血の時期に重なる場合は、次のように言われる。どのような巡礼の組み合わせをするにしても、どうしても避けなければいけないのは、巡礼月の十日から十三日あたりの大挙の回礼（タワーフ・アルイファーダ）の時点で体調が整っていないことである。そこで一度の渡航で実施する場合、清浄な間に早めに小巡礼を済ませていったん禁忌を解く堪能方式が良いか、途中で禁忌を解くことなく大小巡礼を合わせて実施する連結方式が良いかは、場合によりけりであろう。時期調整のための服薬は、最近は問題ないと認められている。

多くの場合は連結方式が取られるかと思うが、大事なポイントは到着の回礼（タワーフ・アルクドゥーム）も含めて、回礼はその種類に関係なく清浄さが求められるということで、それを念頭において巡礼の方式を選ぶことになる。

（2）条　件

ア　平易になった諸条件

巡礼を行う条件としては伝統的には二点挙げられてきた。しかし最近の交通機関の発達は往復に要する時間を短縮し、その安全性を確保し、さらには費用を軽減して、あらゆる面から旅程を楽にしてくれた。だから以下に見る二条件があるとは言っても、ほとんど迫力はなくなった感がある。

第一の条件は、時期である。ヒジュラ暦十月（シャウワール）、十一月（ズー・アルカアダ）、そして十二月（ズー・アルヒッジャ）の九日までに巡礼に入る必要がある。巡礼に入るとは、言い換えれば禁忌順守の状態でアラファートの丘に立つということである。ちなみにイスラームの暦はマッカからアルマディーナへヒジュラ（聖遷）のあった西暦六二二年が元年で、一日は日没から、一カ月は新月から始まる太陰暦である。本書第1部5「クルアーンと巡礼」のところでも述べたが、ここで九日というのは日本式の八日の日没時から始まり九日の日没まで、ということになる。

第二の条件は、ムスリムであること、自由民であること（注：多くの法学派では、昔は奴隷には財産がないので巡礼の義務もないとした）、成年であること（注：子供を連れて行くこともできるが、その子供は成長したらやり直す）、知的に正常であることが必要である。

これに道のりの安全が確保され、健康的にも経済的にも実行可能でなければならない。経済的に可能とは、全体に華美でもなくけちでもないやり方で、巡礼の往復経費を負担し、また事前に借金は返済し、居残る扶養家族の所要経費を賄えるということを含む。またそれらの資金は盗んだものなどでない、合法（ハラール）なものでなければならない。さらに巡礼出発前には自発的に喜捨をすることが勧められる。以上の条件が整えば巡礼の実施時期は早いほうがよいが、礼拝同様で時間的にずらすことも可能である。

現在は旅路の安全はほとんど問題にならないので、集団でなく個人参加も問題なしとされるようになった。なお女性は夫か、あるいは婚姻関係のありえない親兄弟などの男性親族と共に巡礼する。また寡婦になったり離婚後の結婚しない期間（イッダ）にあるムスリマは外出しないことになっているから、巡礼もできないということになる。また高齢者や病人は、一度巡礼を済ませている人に代行者として巡礼するよう委託することが許される。その場合、男女の別は問われず、女性の代行を男性がすることも、またその逆も可能である。(4)

イ　さまざまな議論

以上の諸条件はクルアーンや預言者伝承にも基礎があり、法学者の見解も大半一致している。他方、細かく見ていくと異説がある事項も多いが、歴史的には四法学派であればどれをとっても正統な見解であるとされている。このような前提のもとで、視野を広げるために以下に異説のある諸点をいくつか紹介しておきたい。

まず実施時期を何らかの原因のためにずらせて、巡礼しそこなった人たちの場合である。もし巡礼ができたはずなのにその前に他界した場合は、遺産があればそれを使って他の人がその人のために遺言の有無にかかわらず、代行は可能とする考えが一般的である。他界してからもその人の諸権利は守られる、という理解にもとづいている。だがマーリキー学派は、巡礼は身体的な側面があるので遺言がなければ代行は不可能であるとする。

また巡礼しえたのにしなかった人で、遺産がなくて代行者が立てられない場合は税を課そうとか、そんな人は死後、礼拝を上げてあげないと主張する向きもある。いずれにしても次のようにクルアーンには、仕残した義務履行のために、本人自身がこの世に後戻りすることなどありえないとある。だから、できる時に義務を果たすべしという一般的な結論は間違いない。

「だが死が訪れると、かれらは言う。『主よ、わたしを（生に）送り返して下さい。わたしが残してきたもの（著者注：巡礼など）に就いて善い行いをします。』決してそうではない。それはかれの口上に過ぎない。甦りの日まで、かれらの後ろには戻れない障壁がある。」（信者たち章二三・九九－一〇〇）

巡礼の終了時期についても異論がある。マーリキー学派だけは、巡礼最終段階の剃髪の後に行われる大挙の回礼などの儀礼は十二月の十日ではなくて、同月一カ月中可能だと説いてきた。その根拠は巡礼の時期についてクルアーンには「限られた数カ月」とだけあり、日付では期間が限定されていないということである。他の学派では、慣行（スンナ）により十二月十二日、ないしは十三日には終了するものとする。

以上の法的な側面に加えて、巡礼の礼儀作法と言われる分野がある。巡礼のために家を出る前には礼拝をすること、残す家族の面倒など後を親友に頼むことや、旅の途中で襲われたらアッラーの全知全能ぶりについての玉座の節と称される「雌牛章二・二五五」を唱えろ、といった助言の類も少なくない。またさらに伝統的には、できるだけ暑い日中を避けて夜に旅しろ、また一人歩きしないで必ず団体行動をするように、という勧告もされてきた。

このほか現代的には、巡礼用の予防注射をしたり入国査証を取得することなども当然勧告以上の必要条件になる。巡礼ヴィザ取得のための手続きなど、大半は毎年変わるわけではないが、事前に東京のサウジアラビア大使館で確認することなどは現代風の勧告である。

注(1) 小巡礼の実施時期は問わないが準義務的である（シャーフィイー学派とハンバリー学派）、または確実な慣行（スンナ）（ハナフィー学派とマーリキー学派）とする見解に分かれる。アブド・アッラー・ブン・ムハンマド・アフマド・アッタイヤール『巡礼』イマーム大学出版、一九九三年、一五〇－一五五ページ。サービック、前掲書、第一巻、七四九－七五一ページ「小巡礼」参照。

（2）小巡礼における柱は次のとおりとなる。ハンバリー学派とマーリキー学派は次の三つ：禁忌順守（イフラーム）、回礼（タワーフ）、早駆け（サアイ）、シャーフィイー学派はさらに二つ追加：剃髪（ハルク）、儀礼の順序（タルティーブ）、ハナフィー学派は禁忌順守を柱に入れていない。アッタイヤール、前掲書、一五四ページ。
（3）本書参考3「巡礼の三方式一覧」参照。
（4）アッタイヤール、前掲書。「イッダ」期間については、同書三二－三三ページ。なお同書は簡潔にまとめられており、サービック、前掲書『スンナの法学』とともに本書執筆上、錯綜する法的な議論を整理する基礎とした。

2　禁忌順守と着衣点

以上に見たような巡礼実施の諸条件を満たし、小巡礼と大巡礼の組み合わせ方を決めたならば、次は聖域（ハラム）に入る段階である。

そのためには定められた時期に聖域に入るための着衣点（ミーカート、この言葉は本来、着衣時点と着衣地点の双方を指す）において、巡礼衣に着替えて、巡礼を行うという意志（ニーヤ）を表明し、禁忌を順守する状態に入ること（イフラーム）が必要となる。

（1）禁忌順守（イフラーム）

イフラームは巡礼に実施不可欠な柱で、時系列的には最初に来るものである。

ア　禁止条項

初めに、禁忌の間順守すべき禁止条項（マハズーラート）について述べる。そのような禁止条項として確立してきたものに六項目ある。ただし各項目のまとめ方は法学者などによって少々異なるが、全体を総合的に見ればその内容は同一である。

第一に、男性が身に付けるものは、巡礼衣である縫い目のない白の二枚の布に限られ、それ以外を身に付けることは禁止である。この巡礼衣は禁忌を順守しているという意味のイフラームと同じ用語で呼ばれ、死後復活させられてアッラーの前に呼び出されるときの出で立ちである。また最後の審判で集められるときは、どんなに暑くてもそこではアッラーの王冠の陰しかないとされる。だから頭を覆うものは帽子やターバンなど一切認められない。しかし傘、テント、車など身に付けないものを用いて日陰を取ることは許されている。また足には靴は履けず、サンダルしか許されていない。

女性の場合は、普通の服（縫い目があってもかまわない）などで顔と手を除いて全身を覆っておく必要があるが、二枚布のイフラームは用いない。ただし顔と手は見知らぬ男性の前では覆うことになっており、女性は靴を履くことができる。

なおムスリムは死後埋葬される時には、巡礼時のイフラームで身を包まれるから、巡礼の際には自分の死装束を準備するということにもなる。(1) このイフラームの布は巡礼中に取り替えることもでき、また洗濯も可能でザムザムの水で洗うことは好んで行われている。

第二に、男女を問わず香水など良い臭いのするものは、当該期間中はすべてご法度である。禁忌順守期間中に汗臭くなるのを防ぐために、事前にイフラームに香水を付けたり、香を焚きしめておくことは、マーリキー学派以外では認められている。預言者も香水を好んで付けたそうである。

第三に、髪の毛を意図的に抜いたり切ったり、爪を切ることはできない。それら体から出てくるものは汚物だからである。しかし入浴、髪を梳《す》くことは、臭いがしなければかまわない。

第四に、性的交渉である。巡礼月十日、家畜の供犠や剃髪が終わったあと、禁忌は部分的に解かれるが、大挙の回礼と早駆け終了後、完全に解禁になるまで性的交渉は禁止である。

第五は、性的な刺激を与える行為、ならびに結婚したり、させたりすることはできない。

第六は、陸上の狩猟である。ただし魚は取ってもよい。また有害な動物として、ねずみ、さそり、からす、とんび、嚙みつく犬の五種類は例外として、巡礼中でも殺傷が認められる。

率直な感想としては、全体的にこれらの禁忌の禁止条項は、さほど厳しいものとは思えない。

それより歴史的には巡礼の旅程自体が、肉体的にも容易ではなかったと言えるであろう。巡礼隊は財宝を持っている集団だとして、聖地への道のりはもとより、マッカとアラファート間にさえ賊が横行していた。また巡礼の行事自体もアラファートの炎天下での留礼など、なかなかの苦行である。それだけにこの巡礼期間中は、禁忌順守をめぐってあれこれと外見的な縛りを厳しくするよりは、ある程度心のゆとりをもって静粛に諸儀礼に臨めるようにさせようという配慮があったのではないか、そのように著者には受け止められる。

イ　罰　則

以上の禁忌を破った場合の罰則あるいは代償の内容は、大要次のように分かれる。第一、第二、第三、第四、第五の禁忌違反に対しては、家畜の屠殺、六人の困窮者への食事提供、あるいは三日間の断食のいずれかを選択する。第六の禁忌違反には、狩猟の収穫分を困窮人へ喜捨する、といったことが主な内容である。なお後でも見る巡礼中のいろいろな義務（着衣点でのイフラーム、石投げ、ムズダリファ野営とミナーでの逗留、別離の回礼など）に対する違反の代償は、一般論として家畜の屠殺、または十日間の断食である。ただし断食実施を巡礼中に三日間、帰国後七日間のように分けることもできる。このように禁忌違反の罰則は、巡礼諸儀礼の義務違反の場合よりも軽く定められている。

ウ　イフラームの仕方

（ア）　まず縫い目のないイフラーム用の布を二枚、洗濯しておく。それから日常的な小洗浄ではなく、全身を沐浴（頭と首からはじめ、ついで体の右側、最後に左側を清めるいわゆる大洗浄）するのが望ましいとされ、爪は切り、体毛は剃り落とす。口ひげは短く揃え、顎鬚と頭髪は櫛で整える。女性の月経や産血の場合も、基本的に同様にして準備する。

男性の場合、準備してきたイフラーム布について、一枚の白い布（イザール）を腰に巻き、もう一枚（リダーゥ）を上半身にまとう格好になる。リダーゥは両肩を覆うかたちにして、両側へ分けて掛けるのが通常である。こうして誰もが平等で、また禁欲的な白装束になる。(2)

（イ）　それから巡礼の聖域への入り口である着衣点（ミーカート）に達したならば、二回の礼拝（ラクアターニ）をする。預言者の慣行に倣い、初めの礼拝時にはクルアーンの「開巻の章」と「不信たち章一〇九」、二回目の礼拝の時には「純正章一一二」を読誦する。(3)

ただし飛行機で到着するときは、その前の経由地であるカイロなどでこの二回の礼拝を済ませて、狭い飛行機内での礼拝を避けることになる。

（ウ）　次に、これから巡礼に行くのだ、というための特別の意志（ニーヤ）表明を静かに心の中で立てる。この言葉は、「アッラーフンマ・ラッバイカ・ハッジャー」と言うが、その意味は、「アッラーよ、私は御前におります、そしてあなたに仕えます、ハッジに際して」ということである。これは大巡礼だけを行う単独化（イフラード）の場合にあたる。

しかし大小の巡礼を連結して行うキラーンの場合は、最後の部分を、「ウムラタン・ワ・ハッジャー」と変更して、「ウムラとハッジに際して」とする。また小巡礼を先にしていったん解禁する堪能（タマットゥウ）の場合は、同じ最後のところを、「ウムラタン・ムタマッティアン・ビハー・イラー・アルハッジ」（ウムラを堪能してからハッジへ）と言う。あるいは、小巡礼（ウムラ）だけを行う時は、その部分は「ウムラ」とだけ言って、「ウムラに際して」に改める。堪能（タマットゥウ）の時、最初は小巡礼だけをするわけだから、この短いのでもかまわない。

このように心の中でこれから行う事柄について明確に意志をもってその旨を表すことを、意志（ニーヤ）表明と言う。これから巡礼します、と自分の気持ちを整理し、そのための文言を静かに唱えるわけである。ちなみにこれと同様、意志（ニーヤ）を立てることは通常の礼拝や喜捨などの際にも要求されるもので、そのような節目にあたっては、目的意識をしっかりさせるという積極的な意味があることは言うまでもない。そしてそれなくしては、当該儀礼を果したことにはならない。
（エ）この後、預言者ムハンマド自身が唱えた、次の帰依の言葉（タルビヤ）を唱えることになっている。(4)

「ラッバイカッラーフンマ・ラッバイク、ラッバイカ・ラー・シャリーカ・ラカ・ラッバイク、インナルハムダ・ワンニウマタ・ラカ・ワルムルク、ラー・シャリーカ・ラク」
「あなたに仕えます、アッラーよ、あなたに仕えます。あなたに仕えます、あなたに並び立つものは存在しません、あなたに仕えます。称賛と恩寵は、あなたのもの、そして主権も。あなたに並ぶものはありません。」

この帰依の言葉（タルビヤ）は以前にアラビア語でも見たから、これが二度目でくり返しである。あえてそうした理由は、巡礼期間中はとにかくこの言葉は、切れ目ないほど聞くことになるからである。事実、上記のタイミングで唱えたならば、その後は一定の場所（聖マスジド内）を除いて、巡礼中は基本的に唱えつづけるものだとされており、また男性なら唱えるときは大きな声でするように、とも言われる。だから少しでも馴染んでおくことと、さらにはもちろん自分でも暗誦して、いつでも口をついて言えるようにしておく必要がある。(5)

（オ） 以上で、禁忌（イフラーム）の状態に入ることになる。

なお身にまとう着用品であるが、一般に眼鏡をかけたり時計をしたり、バンドをするのは差し支えない。それから肩掛けカバンは多くの人がしている。巡礼衣にポケットはないから、種々貴重品を運ぶのに大きなポケット付きのバンドがよく使われる。

それと堪能（タマットゥウ）で巡礼する人たちは、小巡礼の後の大巡礼のために二度目の禁忌（イフラーム）に入る必要がある。それは巡礼月八日に、上述と同じ手順でマッカあるいはミナーの地において取り行う。

（2） 着衣点（ミーカート）

次は禁忌状態（イフラーム）に入るべき巡礼の聖域（ハラム）への入り口となっている着衣点（ミーカート）に関して述べる。[6] なおミーカートという言葉は、着衣時点も意味するが、それについては第2部1（2）「条件」で取り上げた。

着衣点として預言者は、以下の五つの地点を定めた。この境界内は聖域だから、ただ禁忌を守るだけでなくタルビヤを唱えつづけて、巡礼への心がまえも堅持することになる。東西約三〇〇キロ、南北約五〇〇キロにまたがる聖域は、日本で言えば南北は東京、大阪間で、東西はほとんど本州と同じ幅だから、日本の真ん中をすべて聖域にしたような雄大な規模になる。[7]

●アルマディーナからの人はその一〇キロ南にあり、マッカからは四〇〇キロ北にあるズー・アルフライファ（現在はアーバール・アリー）。砂漠の羊腸の道のりで、マッカまで歩けば実際は四六〇キロはあり、預言者の所縁の地である。

●近郊のナジド地方やターイフ市からの人は、マッカの東八〇キロ（道路は九四キロ）にあるカルン・アルマナーズィル（現在のサイル）。

●イラクからの人は、マッカの北東八〇キロにあるザート・イルク（現在は車用の道路の関係から、ここよりは右の二つを使うことが多い）。
●シリア、エジプト、マグリブからの人は、マッカの北西二〇〇キロにあるアルジュフファ（ラービグ近く）。
●イエメンからの人は、マッカの南東九〇キロにあるヤラムラム（現在のサアディーヤ）。

現在ではこれらの地点に近づいたならば、飛行機内でもアナウンスがあるだろうから、そこから禁忌順守（イフラーム）に入る。日本からの場合は途中の経由地で沐浴のうえイフラームに着替え、二回の礼拝（ラクアターニ）をし、それから機内のアナウンスがあれば、それに従い巡礼の意志表示をしたうえで、帰依の言葉（タルビヤ）を唱える。そしてジェッダに着く時にはすでに白装束でイフラーム状態ということになる。

現在では海外からの巡礼者の九割が航空機利用ということになり、陸路しかなかった昔に比べれば、上記の五カ所の着衣点はかなりその歴史的な役割を果たし終えたということにもなる。しかし、ジェッダから一時間半ほど車で走ってマッカに行く途中には、イスラーム以前の昔から着衣点とされたタンイーム近くを通り過ぎるかもしれない。その場合には、そこで預言者の妻アーイシャがイフラームしたことなどを想起しながら通過するのが良いかもしれない。(8) また同地は巡礼の聖域の境界ではなくても、より狭い範囲の聖地マッカの境界にあたっているので、現在もすでにマッカに入っている人がイフラームをする場合に出向くための着衣点としての役割を果たしている。

そしてその辺りまで来ると、もう蠢《うごめ》く巡礼者に埋め尽くされ、そしてそれは全員が同じような巡礼衣をまとっているので、一つの大きな流れとなって前進しているのを目の当たりにするわけである。誰ということなく口にする、ラッバイカッラーフンマ・ラッバイク……のタルビヤの唱和の声が一つの波となって砂漠地を渡りぬけ、また街の道々を白い帯と化しつつ、巡礼者たちが練り歩いて行く。こうしてマッカ到着を前にしてすでに、他では経験できない、感動の一シーンを見ることになる。

注

(1) スリランカのムスリム思想家は、巡礼は死の擬似体験だと言い切る。「ハッジは死亡の前に死ぬことだ。あなたの中の世界は死滅し、その後、良性なものが甦る。……団結、愛、調和、平和、そして一家族、一つの人類、一つの礼拝者、一つの神を持って前へ進み、アッラーと一体化することだ。」Muhaiyaddeen, M.R.B. *Hajj, The Inner Pilgrimage*, Philadelphia, 1998, p.15.

(2) 到着の回礼や小巡礼の際のリダーゥの特別な着用方法については、本書参考6「巡礼関係アラビア語用語集」の「イドティバーウ(片掛け)」を参照。

(3) このときの礼拝自体の意志(ニーヤ)は「イフラームのスンナのため(フィー・サビーリ・スンナトゥルイフラーム)」とする。サービック、前掲書、第一巻、六五五ページ。ただし、定刻の礼拝でなければ、それを「清浄のため」とすべしとして細かく区別する人、あるいは定刻でないとここでの礼拝は必要としない、という見解もある。またいずれにしても、できるだけ定刻の礼拝に合わせるほうが良いとされる。

(4) タルビヤの前でイフラームは成立する(マーリキー、シャーフィイー、ハンバリーの三法学派)、あるいは逆にもっと追加のタルビヤを必要とするなど議論がある。サービック、前掲書、第一巻、六六一ページ。実際は巡礼の意志表明とタルビヤとは続けて行うのが普通のケースである。

(5) タルビヤ終了の時点についての通説は、マーリキー学派以外の三大学派では、小巡礼であればタワーフ・アルクドゥームで、大巡礼であれば十日の石投げ前まで、マーリキー学派では小巡礼は上と同様、大巡礼ではアラファの日の日没までとする。ムハンマド・アルアミーン・アッシャンキーティー『説明の光による巡礼と小巡礼の儀礼』リヤード、一九九三年、三五二ページには、石投げ前ではなく石投げ後とするとの異説もあることが紹介されている。

(6) ミーカートの言葉の原型は、ワクト(時間・約束)であり、巡礼の聖域に入るための集結地点とその特定の時期の両者を意味する。なお用務のために聖域に入る軍人や商人はどうなるか、彼らが巡礼も望む場合、集結時間や集結地はどうするか、などの議論が歴史的には現実の問題として喧しく行われてきた。サービック、前掲書、第一巻、六九一ページ参照。

(7) 本書図2「マッカ・アラファート丘間および巡礼聖域・着衣点見取り図」(一五ページ)参照。

(8) 預言者ムハンマドの妻アーイシャは月経のため、西暦六三二年、預言者の別離の巡礼団から離れいったん解禁(イフラール)し、その後小巡礼を実施するため、時を見て改めて禁忌状態に入った(イフラーム)が、そのためには預言者の命により従来からの集結地であったタンイーム(マッカ北一〇キロ)まで戻った。

3　回礼（タワーフ）

マッカ到着後、最初の儀礼は回礼（タワーフ）である。

（1）　初見参の衝撃

マッカに到着して、カアバ聖殿を初めて目にした時の衝撃が、ムスリムにとってどのようなものかを、エジプト人作家ムハンマド・フセイン・ハイカルに語ってもらおう。そこに巡礼への思慕や、長年にわたり煮詰められてきた生涯の祈願が、一気にはけ口を見出したようである。「マスジドの扉と天井のある所を抜けると、すぐそこの真ん中に、カアバは突然現れた。その壁は金の刺繍がしてある黒い着物で覆われていた。それは誰も私に言う前に、突然現れたのだ。そしてそれは以前から知っていて、何回もその周りを回礼したかのように、現れたのだった。……真ん中で突然現れたカアバ。それに私の目は釘付けになり、そこへ私の心は飛んで行き、そこから私の気持ちの去りどころがなくなっていた。そこから私は一つの衝撃を得ていたのだ。それは私の全存在を満たし、私の両足をそれに引き付け、私の全てを畏怖と慄きに化していたのだ。……こんな時に案内人の話なぞ、聞いていられない。この家は私の魂を捉え、そ

こへ急ぎ、そして回礼しつつアッラーの御名を唱えるようにと、引き付けたのだ。」(1)
国境の長いトンネルを抜けると雪国であったという川端康成の小説の冒頭にも似た印象で、ハイカルは物語っている。初見参でも馴染みのある映像としてのカアバ聖殿はハイカルの全身を包みつつ、敬虔さに震えながら自然と足は回礼に向かっていたという様子が手に取れるようである。

なお日本人として著者が受けた衝撃について一言触れれば、それはカアバ聖殿とその周辺の吸い込まれるような雰囲気とともに、なんといってもその中心にある覆い布（キスワ）の黒さであった。独特の荘重さを醸し出している。キスワの金色の刺繍は知られているが、黒色部分にも同色で文字が浮き彫りのように縫い込まれていて、一様でない深く味わいのある黒さを現出している。それは日本人好みの、漆の黒にも似ていた。さすが一味違うということを、一瞬にして印象づけられたのであった。

（2）　信仰上の意義

大変な衝撃を与えるカアバ聖殿を前にして、回礼の意義を問うまでもないのがムスリムの正直な心情であろう。だが一応、以下のようにまとめられる。(2)

まず回礼という方式ではあっても、それは礼拝の一態様であり、アッラーへの帰順の儀礼である。一般にどこであれマスジドに入ると、何をおいても二回の礼拝（ラクアターニ）をするのが良い嗜みとされる。それはそのマスジドへの挨拶であるとも言われる。

次に回礼は、信徒としてアッラーに帰依と信心を約するという、アッラーとの契約の更新の機会である。イスラーム信仰の根本はこの契約にもとづくわけであるが、とくに黒石に頬擦りし、あるいはそれに向けて右手を差し伸べるのは、そのための所作と位置づけられる。(3) 時に黒石の方向へ体を一回転させる人がいるのは、自らの全身を黒石に向けてさらけ出すといった気持ちからだそうである。もちろん普通に考えても、黒石への挨拶は預言者の所作であったわけで、またそれは天国よりもたらされた宝石だから、それへの敬意の表明とも言える。

回礼は七周することになるが、それはアッラーへの帰順の機会であるとともに、自らを省みて悔悟（タウバ）する機会でもある。回礼の一歩一歩は、善行としてアッラーのもとで記録され、またそれは過去の悪行の一つ一つを消去してくれるそうである。また同じことの別の表現だが、回礼により人間は本来の無辜《むこ》な状態に戻り、あたかも生まれた日のような完璧な純正さを取り戻すとも言われる。(4) 時計回りと反対方向に回るのはどうしてであろうか。それは逆方向に回って、人生で今まで過ごしてきた時間を遡ると考える人もいる。これを聞いてなるほどと思わせられる反面、古の預言者たちの時代には今のような時計はなかったのだから、やはりこれは現代人の解釈だということに気づかされる。(5)

なぜ七周するのであろうか。クルアーンには「(アッラーは)七つの天を完成された」(雌牛章二・二九)とあり、またアッラーのおられる天頂は七階層の上だとされている(ちなみに一階にはアーダムが、七階にはイブラーヒームがいて、その間の各階ごとにそれぞれ預言者が住んでいる)。したがって預言者ムハンマドが礼拝の仕方について教えを受けるためにエルサレムの岩から天に昇った時も、七層を上へ昇ったと考えられている。このようにイスラームでは七に格別の意味が与えられているのである。

(3) 回礼の仕方[6]

ア 開始まで

回礼の仕方は決して複雑ではないが、説明には字数を要する。

(ア) 回礼は一種の礼拝であるので、事前に洗浄して清めることと、これから回礼するのだという意志(ニーヤ)を表明する。「カアバ聖殿を巡礼のために、七回回礼します(アトーフ・アルカアバ・サバタ・アシュワーティン・リルハッジ)」と言う。[7]

(イ) またマスジド構内はいつもサンダルを脱ぐこと、集中力を失うのでむやみに天井まで見上げないこと、指を鳴らしたり手を背後に回して組んだりしないこと、そして心は従順さと畏怖に満たされることなどが求められる。回礼は通常の礼拝の時と違い話をしてもかまわないが、必要な場合に限られる。

（ウ）次はマッカ出入りの際に使用する門であるが、これは実際には巡礼案内人に従うことになる。預言者ムハンマドは境内側のバヌー・シャイバ門（後にサラーム門に改名）から入ったとされる。この門は別格扱いされて、カアバ聖殿周辺の境内が拡張された後も、孤立した形でその枠組みだけがザムザム泉水の隣に保存されてきた。しかしそれも混雑解消のために、一九六八年に撤去された。なお巡礼がすべて終了しその後の別離の回礼後、聖殿境内から立ち去るときは反対の西側の低いほうから出るのが良いとされる。

（エ）マスジド入堂の常として、構内には右足から入る。(8) 入ったらまずまっすぐに黒石に進む。回礼を始める前に黒石に触れて、できれば頬擦りをするのであるが、これは実際には混雑で無理なことが多いであろう。また女性はそこに大勢の男性がいるので、その必要はない。黒石を手で触れることができれば上々だが、その時は必ず右手で触れるようにする。手で触れるのが難しければ、右手をその方向へ差し出すだけで良いとされている。この黒石への挨拶の際の言葉は、ビスミッラーヒ・ワッラーフ・アクバル（アッラーの御名において、そしてアッラーは偉大なり）である。(9)

（オ）次は男性がイフラームの上半分の布を着用する方法についてである。到着した直後の回礼の場合は、イフラームの布の上半分（リダーゥ）は真中を右脇の下にして、両方の端を左方の肩の上に回して着用する方式（イドティバーウ）を取ることになっている。これは回礼の最初の三周は早足にするので、それをしやすくするためである。

七周終わればイブラーヒームの立処前の礼拝以前に、普通の着用方法へ戻しておくのが正式である。しかし、たとえばアラファートの留礼の際などでも、誤ってまだイドティバーウにしている信者がかなり見かけられる。

（カ）　開始前に心したいのは、すべて回礼の節目には伝統的に固有の祈りの言葉（ドゥアー）があるということである。数えてみると回礼開始直前だけでも一〇種類は下らない。これはアラビア語で唱えるとすれば、そうとう堪能でないとできない。他方この祈り方については、次のように簡素に説明する仕方もある。[10]

つまり黒石のところから回礼をスタートする時は、アッラーフ・アクバルと唱えるが、その他のところはどのようなものでも良いという。その間大事なことは、クルアーンの読唱、そして、ラー・イラーハ・イッラッラー（アッラー以外に神はなし、の意味。タフリール）、およびアッラーフ・アクバル（アッラーは偉大なり、の意味。タクビール）の二つの成句である。なお以前のアラビア語で挙げた少し長い帰依の言葉（タルビヤ）は「待っております」という意味の言葉だから、カアバ聖殿に到着している以上、ここでは使わない。[11]

また同じく祈りの言葉について言うと、黒石より一つ手前のコーナー（イエメン角）から黒石に近づく際には、次の特定の祈りを捧げる。

ラッバナー、アーティナー・フィッドゥンヤー・ハサナ、ワ・フィルアーヒラティ・ハサナ、ワ・キナー・アザーバンナール（われらの主よ、この世で良いことを、またあの世でも良いことを与え、そして業火の懲罰から守りたまえ）。

なお祈りはアラビア語でなく日本語で唱えてもかまわない。また案内人に倣って全員が合唱するようなかたちになるのは逸脱（ビドア）で認められない。

イ　開始後

（ア）　黒石前であることをマスジドの壁にある緑の電灯の位置からも確認してスタートし、それを七周つづけてする。これもハナフィー学派だけは、四周すれば巡礼の柱は実施したことになり、残りの三周は家畜を犠牲にし、あるいは断食をして事後の補塡策が認められると定めている。

（イ）　回礼のときの気持ちは、アッラーに従いアッラーを称賛するわけであるが、それはあたかも天の玉座の周りを回る天使になったつもりでするとよい、と言われる。言い換えればそれは、身体をカアバ聖殿のまわりに巡らせるのではなく、信者の心を主のまわりに巡らせることが眼目であるとされる。[12]

（ウ）　初めの時と同じく、できれば一周ごとに黒石に頰擦りするのが一番理想的だが、まず難しいだろう。また黒石の一つ手前のコーナー、イエメン角（アッルクン・アルヤマニー）にも慣行（スンナ）に従い、手を触れるか右手を差し出すことになっている。黒石のあるところと同様に特別扱いで、イエメン角は天国への扉であるとされているからである。しかしそこでは頬擦りはしない。

（エ）回礼の方向は流れに沿って自然に時計と反対方向に回ることになる。逆流は認められない。また場所的にはカアバ聖殿の内部と見なされるところは許されない。北側にあるイスマーイールの囲い所も聖殿内であるから、そこを東側から入って西側に抜けて行く人もいるが、それは間違いである。また混んでくるとカアバに寄り添って回礼する人も出てくるが、いくら近くても本来は三歩ほどの距離を取って、覆い布（キスワ）が垂れる聖殿の土台部分（シャーザルワーン）は避けるべきだとされる。その個所も聖殿内という認識である。

（オ）男性の場合は、「到着の回礼」であれば七周のうち最初の三周は早足で駆けて、後の四周は並足で歩くのが預言者の慣行である。(13) 女性は開《はだ》けるのを防ぐため早足はしない。

この早足は混雑で難しいから、回礼の境内の外寄り側で早足に、内寄り側で並足を、などと言う。しかしそれさえも実際は難しいかもしれない。三階のテラスも一杯である。そうなるとあたかも走っているかのように、肩を揺すって歩けばよいとされている。

なお早足が可能なときも、黒石とイエメン角の二カ所では並足に戻す。

（カ）こうして七周が終わる。そうすればそこでイフラームのイドティバーウの着用法はやめて、普通の仕方に戻す。

（キ）次にできればイブラーヒームの立処の後方で聖殿に向かって二回の礼拝（ラクアターニ）を捧げる。預言者の慣行に倣い、初めの礼拝時にはクルアーンの「開端章一」と「不信者たち章一〇九」、二回目の礼拝の時には「純正章一一二」を読誦する。その地点で礼拝が混雑のためできなければ、マスジド構内ならばどこでも良いとされている。なおこの礼拝は、ハナフィー学派とマーリキー学派では義務（ワージブ）であるが、シャーフィイー学派とハンバリー学派では慣行（スンナ）という考えである。

ウ　最後に

（ア）できればまた黒石に戻って手でそれに触れた後、ザムザムの水を飲む。飲む時はキブラの方向であるカアバ聖殿に向かってアッラーの名を唱え、三回深呼吸してたっぷり飲み干し、「アッラーに称えあれ」（アルハムド・リッラー）と唱える。

（イ）巡礼者たちはカアバ聖殿の壁に体を擦り寄せたり、あるいは彼らの祈りを体して聖殿の黒布（キスワ）にしがみつき祈願することを専門にする人たち（ムルタズィム）が現れた。またその場所のことはムルタザムと言い、本来は黒石とカアバ聖殿扉の間の部分である。だが聖殿の周囲の壁ならどこでも行われる。この祈願は好ましいこととされているが、巡礼時では混雑でなかなか難しいであろう。

（ウ）その後また黒石に頬擦りか、あるいは少なくとも右手を差し伸べること。この後さらにカアバ聖殿の中に入って礼拝をし、それからイスマーイールの囲い所（ヒジュル・イスマーイール）の中でも礼拝することは一般的には好ましいこととされている。だが残念ながら巡礼月には難しいであろう。

（エ）回礼中に、礼拝の定時を迎えた場合には、定時の礼拝が優先する。通常の礼拝後、回礼を再び黒石地点から継続すべしとする説もあるが、大変な混雑の中、現在は実際上その場から継続するのが普通である。[14] これと同様、回礼中に用を足すなど不浄なことがあって中断の事由が発生すれば、洗浄後、回礼は中断したところから継続して再開される。

（4）回礼百話

昔から世界の注目を浴びてきたマッカをめぐっては、当然さまざまな話が伝えられている。[15]

ア　カアバ聖殿

本書の第1部4「イスラーム以前」の中で、すでにカアバ聖殿の成立についてはかなり触れた。カアバという言葉の元来の意味は立方体を指し、それを形容詞で修飾するときは、アルカアバ・アルムシャッラファ（名誉のカアバ）と言う。当時の民家はこの立方体への崇敬の念から、円形に作られることが多かったということである。

預言者ヌーフ（ノア）の時代に洪水のためカアバは崩壊したが、それから約一〇〇〇年の時間が経って後、預言者イブラーヒームが遺構を土中に再発見し新たに一神教のために再建した。イスラームではこれを最重視するわけである。これらを受けて預言者ムハンマドにとっては、カアバ聖殿に群がる偶像などを駆逐することが主要な課題となった。

この間にサイズは面積的には多少小さくなり、高さは三倍ほどになった。すなわち、イブラーヒーム再建時は南北一六メートル、東西一一メートル、高さ四・五メートルほどだったのが、現在では南北約一二メートル、東西約一〇メートル、高さ約一四メートルとなっている。

なお世界中のムスリムにとって、カアバ聖殿はアッラーへの礼拝の向かうべき方向（キブラ）であり、それはまたアッラーへの誓約の場所でもあるが、このような存在を精神的に解釈して、信者の心の中にもカアバはある、とする考え方が広く見られる。

イ　覆い布（キスワ）

キスワはイスラーム以前から用いられていた。素材は預言者ムハンマドの時には、イエメン製の布であったのが、その後リンネル、刺繍された絹（エジプト製）などが用いられ、色は古くは白、赤、あるいは緑であったり、あるいは一年の間に色違いを掛け替えたようなこともあったそうである。しかし黒色は聖殿のまわりにいた人たちが亡くなって、聖殿の悲しみを表明

する意図として一番良い、という学識者の見解も伝えられている。(16)

キスワをはずして取り替えることを始めたのは、第二代正統ハリーファのウマルであった。掛け替える日取りも歴史的には異動があった（現在は巡礼月九日、留礼の日）。巡礼月初めまでには新しいのを上に掛け、十三日に降ろすようにしたこともあった（ムハッラム月一月十日、アーシューラーの日に行われたこともある）。なお聖殿を布で覆うという風習はギリシア、ローマやイランなどアラビア半島周辺にも見当たらず、半島独特のものであると考えられる。

キスワに書かれている文字は次のとおりである。まず黒色の部分全面に同色で織り込まれている文字は、「アッラー以外に神はなく、ムハンマドはアッラーの使徒である。アッラーは偉大であり称賛あれ。偉大で慈悲深く、よくお与えになる、アッラーに称賛を」である。この透かし織りが、じつに黒色に深みと荘重さを加えている。

帯に刺繍で書かれている言葉はすべて「最も慈悲深く、最も慈愛遍き、アッラーの御名において」で始められるが、その後は各側面によって異なる。

●扉のあるカアバ聖殿正面には、雌牛章二・一二五、一二七、一二八、および寄贈者名。
●イスマーイールの囲い所のある北側には、雌牛章二・一九七、一九八。
●西側には、巡礼章二二・二六、二七、二八、二九。
●南側には、イムラーン家章三・九五、九六、九七。

使った古いものは細かく切り裂いて土産にしたり贈答に回したりする。だがその由来ははっきりしていない。第二代正統ハリーファのウマルの時には、裁断された布はマッカの木々の上に置かれて木陰を作ったという話もある。

現在キスワはサウジアラビアで作られるが、歴史的に一九六二年までは長い間、エジプトのタンヌースという町の特産品であった。なお巡礼月の上旬は、キスワを二メートルほど捲《めく》り上げておく。勝手に切って持って行く人がいたのを防ぐためだということである。(17)

他方このように捲り上げることを、カアバ聖殿がイフラームしたとも言うが、その時は比喩的に、聖殿が巡礼期間の禁忌順守に入ったという意味である。

ウ　黒　石

黒石（アルハジャル・アルアスワド）も初めは不思議な印象を与える存在である。預言者伝承では、黒石もイブラーヒームの立処の石（両足の足形が残っている）も天国から天使がもたらした宝石だと伝えられている。アーダムのカアバ建設にあたって、その礎石として使用するために天国からもたらされたのである。ただし欧米の調査ではその素材は隕石だということなので、不思議さはいや増す。

その後洪水などで破損するのを防ぐために近くの山に安置されていたが、預言者イブラーヒームのカアバ再建にあたり、天使の助けを借りて息子イスマーイールと一緒にカアバの一角に戻したそうである。

なぜ黒いのかについては、もともとは純白だったのが、人間の過ちのために黒くなったとする説がよく聞かれる。そしてその黒さで、人間にとっての反省材料となっているというのである。もう一つの考え方は、女性がベールをするように、石の美を人の欲望から隠すためにアッラーがその光を飲み込んでしまわれたと言うのである。ご丁寧に、石の中に残されている白い点をいくつか見たという人も出てきた。現在、全体の表面は香りの良い松脂で防護されているために、黒ずんではいても赤茶けた色をしている。

歴史的にはローマ帝国やファーティマ朝の分子により攻撃されたり、近代に入りイギリスの工作員やアフガン人が石の一部を盗んだりする事件もあった。そしてサウジアラビアの初代国王アブド・アルアジーズが、全体の姿を復活させた。

エ　イブラーヒームの立処

次はイブラーヒームの立処（マカーム・イブラーヒーム）についてである。由来としては、彼が巡礼の際、人々にその石の上で礼拝の呼びかけをしたという説や、あるいは息子イスマーイールの頭を洗っている妻のハージャルに息子の様子を聞きに来た際、その石の上に彼が立ったとも言う。あるいはカアバ聖殿建設の際の踏み台として、その石を利用したとの説もある。普通にはそこでイブラーヒームが礼拝したので、石はあまりにもったいなくなり柔らかくなって彼の足跡が残ったとされる。なお石に食い込んでいる両足跡には、方向転換をしたので七本の指跡があったが、長年人々が恵みをもらおうとしてこすり続けたので摩滅して、現在指跡は見られない。黒石と同様に歴史上、洪水で流されそうになったり、賊が盗もうとして動かしたりしたので、立処のもともとの位置については数々の異説が残されている。他方でマッカ全体がイブラーヒームの立処であるとする考え方もある。

なおマッカ周辺は昔の火山の溶岩が固まってできた地形だが、それだけに岩が柔らかくなった話が随所に見られる。たとえば昔時、ミナーにおいて預言者ムハンマドが休息をとった時、頭をもたせかけた岩がもったいなくて柔らかくなり、その頭の形がえぐり取られたとされる岩が残されていたこともあった。

オ　イスマーイールの囲い所

カアバ聖殿の北辺には、高さ一・三メートル、厚さ一・五メートルほどの半円形の造作物がある。これはイブラーヒームの囲い所、あるいはイスマーイールの囲い所（ヒジュル）と呼ばれる。またの名をハティームとも言う。ハティームの意味は、溝、壁、などとも言われ、あるいはまたは、そこでは人々が不信仰を破壊した（ハタマ）のが語源という。また別の説に、そこで脱ぎ捨てた巡礼衣が駄目になる（ハタマ）まで置かれていたことが語源だ、とする人もいる。いずれにしてもそこに小屋を建てて、イブラーヒームの息子イスマーイールが羊などを飼っていたとされる。

ハティームは普通、イブラーヒームの息子とその母ハージャルの墓だと言われる。他方でその造作物の中には、九〇人あるいは九九人の預言者たちの墓があるとする説もある。アーダム、フード、サーリフといった歴代の預言者に加え、イブラーヒームとイスマーイール、そしてその母ハージャル、イスハーク、ヤアクーブ、ユーセフ、イブラーヒームの別の妻サーラとの息子イスハーク（ユダヤ民族の祖とされる）なども、そこに入っていると言うのである。一方では、有名な歴史・地誌学者アルマスウーディー（西暦九五六年没）はその書『黄金の牧場と宝石の鉱山』において、イスマーイールは一三七歳で亡くなり、遺体は黒石のあったところに埋葬されたとしている。しかし彼は同じ構内の別の場所に葬られたという説もあり、同時に一部の預言者についても同様で、多くの事柄は今となっては、アッラーのみぞ知る、となった。

カ　ザムザムの名水

ザムザムの名水の湧き出る泉は、イブラーヒームの妻ハージャルが幼子のイスマーイールの渇きを癒すために駆けずり回っていたところ、天使のジブリールがもたらしたとされる。だからそれは天国の泉の支流だということである。

その古《いにしえ》以来の詳細は異説紛々だが、アラビア半島を闊歩していたアマーリーク族が政敵を困らせようとして埋めてしまったのを、クライイシュ族支配の時代に入り、預言者ムハンマドの祖父アブド・アルムッタリブが再発見したという。彼は夢の中でこの名水を見て三日間かけて掘り当てたが、水が出てくる前には刀剣類がたくさん掘り出されたそうである。

そしてその死後は叔父のアッバースに管理が任せられたが、それ以来ザムザム水管理職は名家ハーシム家（アッバース朝を樹立し、現代はヨルダン王家に繋がる）の独占するところとなった。水が出てきてすぐその側に池を作ったのだが、アラビア語で村のことをカルヤと言う語源は、池の中で水を「私が溜めた（カライトゥ）」というところからきているといわれる。

再発見の際に三つの源泉があったが、黒石方向の泉が最も豊かで、他の二つは東のサファーと北のマルワ方向にあり、深さは水が出るまでに四五メートル、それからさらに八メートルは掘られたそうである。

呼称はジブリールの頸骨穴、イスマーイールへのアッラーの水、恵み、救済、吉報、健康などなど、数えてみると約三〇もある。ザムザムの語源として、預言者伝を書いて有名なイブン・ヒシャーム（西暦八三三年没）は、ザムザムとはたくさん集まるという意味だとしている。また別に、水の音からきている、あるいは、ザンマは管理するという意味で、豊富な水を管理するところからきている、などなどの諸説がある。

地球上で一番良い水である、ザムザムの水は万病の薬だ、と預言者が言ったとも伝えられている。天使のジブリールはそれで預言者の胸を洗ったとされている。だから一番良いに決まっている、といった堂々巡りの説もある。また飲めば願いごとがかなう水だとも言われ、四大法学の祖の一人、アッシャーフィイー（西暦八二〇年没）も知識を祈願しつつ飲み、ある弓の引き手は飲んだお陰で、願いかなって十発的中だったとも伝えられる。その他難病を治してくれたとか、視力を取り戻した話などになると、日本でも弘法大師所縁の霊所などで聞いたことのある類になってくる。

この名水は現在でもどんどん湧き出ており、世界中の巡礼者の良いお土産になっているのは周知のところである。預言者ムハンマドも巡礼の帰路、ザムザムの水を持って出発し、人々に分け与えた話はすでに第1部6「預言者ムハンマドと巡礼」で見たとおりである。

キ　イエメン角

カアバ聖殿の四つの角のうち、黒石の角とイエメン角はそれら以外の東北側のイラク角と西北側のシリア角よりはるかに重視されていることは、回礼の仕方の中でもわかったであろう。どうしてイエメン角は「天国の扉」とまで称されて他より重要なのであろうか。(18)

その背景は、クライシュ族がカアバ再建にあたったときに、扉を地上二メートルほどの高さに作り、そのため建物全体も倍ほど高くなったため、合法（ハラール）な資金に不足が生じた。そこでイブラーヒーム再建当時の地歩が復旧できたのは、黒石の角とイエメン角だけだったという事情があった。他の二角は、残念ながらイブラーヒームの祖法に則っておらず、したがって南北の辺は約四メートル短くなった。

ク　聖マスジド全体

当初はイブラーヒームの立処の地点で礼拝していたのが、人数が増えて七世紀末ウマイヤ朝マルワーン一世の時代には、カアバ周辺を取り巻くかたちになってきた。そのかたちで初めて礼拝を取り仕切った人物として、ハーリド・ブン・アブド・アッラー・アルキスラーという人の名前が残されている。

また当初は聖マスジドには壁はなく、直接に人家が迫っていたのが漸次広げられてきたのである。その努力は第二代正統ハリーファ・ウマルのときに始められた。ヒジュラ暦三世紀の高名なアルアズラキーの史書には、聖マスジドの南北の長さは約一五〇メートル、東西の長さは北側が一三五メートル、南側が一三九メートルとある（現在は南北辺は約四〇〇メートル、東西辺は約二五〇メートル）。[19]門の数は同史書には一九個数えられている。またミイザナ（礼拝を呼びかける塔）は五本とある（現在は三一の門、九本のミイザナ）。

カアバ聖殿の入り口の側に設けられる説教台（ミンバル）は、ウマイヤ朝第一代ハリーファ・ウマイヤ一世が三段のものを使ったのがその始めであった。それまではいつもカアバに沿った地面に立って説教が行われたそうである。その後、アッバース朝第五代ハリーファのハールーン・アッラシードの時に、九段のエジプト製螺鈿《らでん》細工のミンバルが導入された。その際、古いミンバルはアラファートのほうへ持っていかれ、これでミナーのものとあわせて三カ所にミンバルが設置されたことになった。

その後、聖マスジドにおいて四法学派の礼拝導師（イマーム）が立つ場所が逐次定められていった。シャーフィイー学派はイブラーヒームの立処の後、ハナフィー学派はイスマーイールの囲い所の側、マーリキー学派は西側の一辺、ハンバリー学派は南側の黒石に向かう地点である。礼拝の順序はほぼこの順序で行われたが、歴史的にはたとえば日没の礼拝ではどの派が優先するか、あるいは各学派の少しずれた時点での礼拝の呼びかけ（アザーン）はどの程度ずらすことが許されるか、などについて異論があり、さまざまなやり方が実施されてきた。そして四法学派それぞれのイマームのために、大きなお立ち台が設けられた。だが現在では混雑回避のために、それらはすべて取り払われている。そして新たに電動移動式（多くは昼時に日陰に入る東北側で聖殿近くに置かれる）で冷房付きの説教台が導入された。そしてそこに立つ説教師は四法学派をまとめた立場から話をするようになっている。

（5）回礼の種類

回礼といっても四種類ある。これまでの記述においてそれらはすべて出てきたが、ここで改めてまとめておく。[20]

第一は、マッカ到着時の、到着の回礼（タワーフ・アルクドゥーム、あるいは挨拶の回礼、タワーフ・アッタヒーヤ）である。これは一般的に預言者の慣行（スンナ）とされているが、マーリキー学派だけは義務としている。小巡礼の時には到着の回礼はその柱になっているが、大巡礼の単独化または連結方式のときには時間の関係で省略可能である。男性は、この到着の回礼ではイドティバーウのイフラーム着用方式を取り、最初の三周の早足を行う。

第二は、大挙の回礼（タワーフ・アルイファーダ、あるいは訪問の回礼、タワーフ・アッズィヤーラ）である。巡礼月十日、アラファートから巡礼者が大挙してムズダリファに引き上げ、その同日朝にミナーで石投げ、供犠、剃髪を終えた後、十二日あたりまでにマッカへ戻り行われる。これは大巡礼の柱の一つである。マーリキー学派だけは、巡礼月ならばこの実施はいつでも可能であるとしている。

第三は、すべてが終わり、巡礼月十二日、あるいは十三日以降にマッカを去る前に行われる別離の回礼（タワーフ・アルワダーイ、あるいは出発の回礼、タワーフ・アッサダル）である。これは大小いずれの巡礼の一部でもなく通常の礼拝の一種と考えられるが、義務であることは変わらない（ただしマーリキー学派は、好ましい事柄、という分類）。清浄でない時の女性はこれを割愛することになる。別離の回礼終了後は、マッカを速やかに立ち去ることが前提である。[21]

第四は、随意に行われる慣行の回礼（タワーフ・マスヌーン、あるいは帰順の回礼、タワーフ・

アッタタウウ）である。タワーフは礼拝の一種だから礼拝と同じくいつでも勧められる事柄である。この点は巡礼の儀礼としてしか行わない早駆け（サアイ）と異なる。マッカ逗留中はできるだけ何回も回礼しようとするのが普通で、一日に何回もこれをする人もいる。

なお以上の四種類で大きく異なるのは、その時の意志（ニーヤ）の内容とその人が禁忌を守るイフラームの状態にあるかどうかということである。後者について念のために確認しておくと、第一の到着の回礼は小巡礼、または大巡礼の一端としての小巡礼であり、イフラームしている。第二の大挙の回礼は大巡礼の一部だが、剃髪の後だから性交渉や結婚を除いては解禁されている部分的な第一次解禁状態である。ただし服装は、巡礼着は脱いで普段の服装に戻っている。第三の別離の回礼と第四の慣行の回礼は、イフラーム中ではなく解禁の状態（イフラール）にある。服装も当然普段どおりである。

注（1）　ハイカル、前掲書、七九ページ。

（2）　回礼の精神論的叙述に関しては、ハスナ、前掲書『聖地において』、ハイカル、前掲書『啓示の降りた所にて』、ムニール・シャフィーク『巡礼—想念と思索』ダマスカス、二〇〇三年などを主として参照した。

（3）　アルガザーリー、前掲書、一八一ページ。「人はその帰順をアッラーに誓う、お約束を果たすべし」とアルガザーリーは言っている。

(4) アブー・フライラからの伝承、アッティルミズィー伝承集、アルファースィー、前掲書、第一巻、二三四－二三五ページ。
(5) ハスナ、前掲書、二〇－二四ページ。
(6) 本節と次節の法的側面は、サービック、前掲書、第一巻、六九三－七〇九ページ「回礼」、およびアッタイヤール、前掲書、七八－八五ページ「回礼」を基礎とした。
(7) ここで言及する目的は、細かくは「堪能方式の小巡礼のために」、「単独化の小巡礼のために」、「連結方式の大巡礼のために」に分かれる。なお禁忌順守に入る時の最初の巡礼のニーヤがすべてを包括しているので、それぞれの儀礼では改めては要求されていないという説もある。アッシャンキーティー、前掲書、二三一ページ。
(8) 入堂の際の祈りは、通常のマスジドにおけると同様に、「アッラーよ、わたしにどうかあなたの恵みの扉を開けてください」。
(9) 全文は長くなるが日本語で唱えることもできるので参考に記す。ビスミッラーヒ・ワッラーフ・アクバル、アッラフンマ・イーマーナン・ビカ、ワタスディーカン・ビキタービカ、ワワファーアン・ビアハディーカ、ワイッティバーアン・リスンナティンナビー、サッラッラーフ・アライヒ・ワサッラム（アッラーの御名において、そしてアッラーは偉大なり。アッラーよ、あなたを信仰し、あなたの書を真実と認め、あなたへの契約を履行し、預言者〔アッラーの祝福と平安を〕の慣行に従います）。
(10) 祈りの言葉を集めた小冊子を首から下げて、回礼中各所でそれを開いて読み上げる光景が見られる。何語であれ、たくさんの祈りの言葉を覚えるのは容易ではない。
(11) 黒石への挨拶以降（あるいは聖殿が見えた時点から）は預言者伝承によりタルビヤは行わない。アッティルミズィー伝。アッサービク、前掲書、第一巻、六六四ページ。タルビヤは行進歌のような調子であり、それを停止すると、静かな祈りである回礼への調子の転換にもなる。
(12) アルガザーリー、前掲書、一八〇ページ。
(13) イドティバーウも三周の早足も、訪問の回礼の場合に限る。大挙の回礼、別離の回礼、慣行の回礼など、四種類ある回礼については本章(5)にまとめた。
(14) アッシャンキーティー、前掲書、二三三ページ。
(15) アルファースィー、前掲書、第一巻、一二五-三四四ページ。カアバ聖殿、黒石、ザムザム水、イブラーヒームの立処など、古くからの諸情報の宝庫である同書に、本書随所における語源論、逸話に関して多くを負った。同書の位置づけについては、本書参考1「マッカとカアバの歴史叙述」参照。
(16) アルファースィー、前掲書、第一巻、一六九ページ。
(17) ただしキスワを捲り上げるのはイスラーム以前の習慣の名残で、異教時代カアバは生命蘇りの場と見なされており、出産の様子に倣ったのだという解釈もある。その関連で、アラビア語でキスワを捲り上げることを、カアバ聖殿が裸になった（タジュリード）と言う。
(18) ただし古くは、東北側の角はシリア角、西北側の角は西角、あるいはマグレブ角とも呼ばれていたので、注意を要する。これは黒石角を真東に見立てていたからであった。
(19) アハマド・アルアズラキー（ヒジュラ暦二五〇年没）『マッカ情報とその事跡』マッカ、二〇〇三年、全二巻、第一巻、六一二-六一六ページ「聖マスジドの寸尺」。
(20) なお大挙の回礼と別離の回礼については、第2部6（4）「ミナー逗留」においても実際の仕方について述べているので参照のこと。
(21) ただし、二〇〇八年の巡礼に際しては、十日を避けて、十一日か十二日に二つの回礼（大挙および別離）を合わせて行うことが奨励されていた。樋口美作「マッカ巡礼（ハッジ）考、〇八」、『イスラム科学研究』第五号、二〇〇九年、七一-七二ページ。

4　早駆け（サアイ）

（1）信仰上の意義と語源

ア　意　義

クルアーンには、サファーとマルワ両丘間の早駆け（サアイ）について、次のようにある。

「本当にサファーとマルワは、アッラーの印（宗教儀礼）のうちである。だから聖殿に巡礼する者、または（小巡礼のためにそれを）訪れる者は、この両丘をタワーフしても罪ではない」（雌牛章二・一五八）

早駆けの信仰上の意義について、普通に語られるのは預言者伝承にもとづく、前に触れた次の物語である。預言者イブラーヒームは、エジプト人で奴隷出身とされる妻ハージャルと幼い息子イスマーイールと共にパレスチナからやって来たのだが、ハージャルは当時不毛で荒れたマッカの地で息子のために水を求め、サファーとマルワ間の大地を七回行きつ戻りつして駆け巡り、ついにザムザムの水を得た。その時イブラーヒームはアッラーの命令でマッカを離れていた。そこで天使が舞い降りてきてその翼で地面を叩いて泉を開いたと伝えられる。この故事に倣いハージャルの苦労を偲び、またアッラーの恵みと慈悲を求める勤行として早駆けをすることになったとされる。

早駆けの儀礼の意義と位置づけに関連して、少し以下を追加しておく。まず早駆け中に定刻の礼拝時間がくれば、礼拝が優先するのは回礼と同様である。途中で早駆けを停止し、礼拝後、その場所から早駆けを続行する。また信者心理の一つの説明として、早駆けで信心と不信心の間を彷徨《さまよ》い歩く僕の様を自ら追体験するのだと言う人もいる。早駆けの出発地点のサファーが善行、反対側のマルワが悪行を示す地点で、その間を三往復半するので両地点をおのおの四回ずつ訪れ、いわば善悪を同等に通過し体験したとされる。(1)

イ 語源

サファーとマルワという地名の語源は次のとおりである。それはアーダムがサファーを、その妻ハウワーがマルワを訪れたのだが、アーダムはアッラーに選ばれた人、ムスタファーであるのでその音である（ム）ス（タ）ファーから取ってサファーになった、そしてハウワーは婦人、マルアだから、その音からそのまま取られてマルワになった、ということである。確証はないようだが、いかにもこの土地柄に合った説明ぶりだと感心させられる。(2) ただし辞書的にはサファーは滑らかな石、マルワは白い石、という意味である。

サアイの語源は、すでに明らかなようにハージャルが水を求めて奔走（サアイ）したことにある。とくにシャイターンの声を聞いたという個所では早駆けしたので、この勤行自体の名称とされた。しかし儀礼の内容としては以下に述べるように、男性巡礼者が緑の印のある個所を駆け抜けて、残る大半は歩くのが実態になっている。ちなみに早駆けする両丘間の場所のことは、マスアー(アラビア語としては、早駆けし尽力する場所の意)と呼ばれる。

最後にアラビア語の表現としては、早駆け(サアイ)のことも回礼と同様タワーフとも言う。サファーとマルワの間の往復も大半は歩き回る(ターファ)わけだから、回礼と同様の捉え方が可能なのであろう。アラビア語の説明書で、どちらのタワーフを指しているのか、注意する必要がある。

(2) 早駆けの仕方

早駆けの手順としては次のとおりである。まず回礼を済まし、聖マスジドの東側のサファー門から進むと、すぐに低い岩山が見える。そこで預言者は次のクルアーンの聖句(アーヤ)を読んでから、アッラーが(ハージャルの時に)させられたように私も始めます、と意志を表明した。

「本当にサファーとマルワは、アッラーの印(宗教儀礼)のうちである。」(雌牛章二・一五八)

その岩山の地点がサファーだが、頂上まで行く必要はなく踵が山の麓にかかっていればよいとされる。カアバ聖殿は近年築造された柱などで直接にはあまり見ることはできないが、方向としてはカアバ聖殿に向かう。そしてまず、アッラーは偉大なり（タクビール）、アッラー以外に神はなし（タフリール）と唱えてから、祈り（ドゥアー）を上げる。ところがここでよく使われるという祈りの言葉も六種類は下らない。次の祈りは預言者がサファーとマルワで唱えたものだから、それを覚えるのも一手である。だが自分で祈りたい内容であればなんでもよいから嘆願することになっている。

「アッラー以外に神はない、それに並び立つものはない。かれに大権と称賛を。かれは全能である。アッラー以外に神はない、かれが約束を成就し、その僕に勝利を授け、（敵の）徒党を滅ぼされることを。」

これが終わると、坂を降りるかたちでマルワに向かう。その途中、サファーから七五メートルほどのところに緑の傾斜地といわれる地点があり、その印として緑の電灯が壁にかかっている。男性はここに入ると小走りにスピードを上げる。その理由は、ハージャルはここでシャイターンの誘惑の声を聞いたので、それを避けるために早足で急いだという故事にもとづく。またさらに七〇メートルほど先には次の緑の印があり、緑の傾斜地を通過したということになる。

それからこんどは坂を登る格好になり、サファーから全長で四一〇メートルほどしたらマルワに到着である。大変な混雑であろうが、この間怪我でもしないようにしながらいろいろ懇願してよい場所になっている。なお以上の早足の個所でも女性は並足のままである。回礼の時と同じ理由で、開《はだ》けないためである。

マルワでは改築によりカアバ聖殿はもう見えなくなったが、ある程度の高さまでは上る。そうしたらこんどはサファーのほうへ向き直るが、それはほぼキブラに向かっている方角にもなる。それからタクビールとタフリールはもとより、上に触れた六種類の祈り（ドゥアー）などを再び唱える。これで、サアイを一回行ったことになる。ついではサファーへ同じ要領で戻り、それで二回目の早駆けは終了。全体でこれを七回する。

早駆け途中に何回往復したかはっきりしなくなる場合には、ともかく継続して暫く様子を見ること、そして思い出したらそのまま有効な早駆けとして続行することができる。しかしもし疑わしさが増して確認できない場合は、それまでの分は無効となる。

なお歴史的にはラクダに乗ったままで早駆けするのが認められるかどうかなどの議論が盛んであった。現在ではラクダは認められないが、足の悪い人や高齢者などが車椅子を利用することは問題ない。早駆け廊の中央はそのような人たちのための特別のゾーンになっている。他方、早駆けの途中で立ち止まったり、むやみに腰を掛けるのは問題だとされる。また早駆けの廊は天井階も入れると現在三階建てになっているが、それでも巡礼中は息の詰まる混み合いである。

その後、堪能（タマットゥウ）の場合、マルワの地点で小巡礼を終えるために、髪を少し短くするだけ（タクスィール）にとどめ、それでいったんは解禁となる。頭全体を断髪するのか、それともその一部でよいのかは異説のあるところである。女性は頭部全体から髪をひとまとめにして前へ集め、その先端を指の第一関節分くらい切るという説、あるいは少なくとも三本でよいという説などがある。連結（キラーン）や単独化方式（イフラード）で引き続き大巡礼に入る場合には、禁忌状態をつづけるわけだから断髪はしない。

なお早駆けは回礼と違って清浄であることは求められない。堪能方式（タマットゥウ）で小巡礼を済ませてしばらく後に大巡礼をする場合、女性で月経や産血と重なりそうなので、アラファートでの留礼後最後の大挙の回礼（タワーフ・アルイファーダ）より先に早駆けをしても良いかどうかについても議論が分かれる。もし可能であれば先に早駆けを済ませ、その後に体調が戻って清浄になってから大挙の回礼をして巡礼全体をまっとうできるからである。だが大勢としては、早駆けを大挙の回礼の後にする線は崩せないようである。

もちろん連結方式（キラーン）で、到着の回礼とともに早駆けが済ませてあれば、早駆けは大巡礼中一回だけだから、大挙の回礼の後には改めての早駆けは不要ということになる。

（3）早駆けの感動

早駆けの勤行は今も昔も大変な混雑の中で進められる。だが有難くも厳粛な経験であると、イブン・ジュバイルが語っているのを見てみよう。

「サアイを行う男と輿に乗ったままサアイを行う女でごった返しているのを見た。われわれは人込みの中で、しかも輿が衝突し合うので、彼女らの輿の間か、ラクダの足の間にしか身の置き所がなかった。われわれはこの世の最も不思議な夜を見た。それを見なかった者は語るに足る驚異を見なかった者と同じであり、その人数の多さはあたかも復活の日に集められた大群衆の光景に匹敵するものである。一同はイフラームの状態に入り、神の思し召しに応じ、至高至大なる神に謙譲の念を示しながら祈っていたのである。また、その夜には道の両側にある聖なる山は、こだまでもって彼らに応じ、そのため、耳は聞こえなくなり、その光景の恐ろしさのあまり、涙が流れ、謙虚な心も溶けてしまうのである。」(3)

これが十二世紀末の模様であろうか。そんな昔とは思えないほどに、生き生きとイメージが浮かび、それはもう時空を越えているとしか言いようがない。白帷子の大群衆が蠢く様が復活の日を想起させるというのは、文字どおり至言と思われる。それはこの早駆けであれ、回礼、留礼をはじめ巡礼の全行程を通じて瞼に焼きつけられるものであろう。またそれこそ巡礼で実体験できるものなのである。

イブン・ジュバイルの言う「謙虚な心も溶けてしまう」とは、いったいどうなることなのであろうか。まわりの圧倒的な迫力ある光景に取り囲まれて、他と区別された自分というものの意識が雲散霧消し蒸発してしまうような状態かもしれない。だからそれは「光景の恐ろしさ」とはいっても、翻訳文にある「恐怖」ではなく、「畏怖」のほうであることは間違いないであろう。

注（1）本書「はしがき」で言及したインターネット情報 tohaji.com 参照。
（2）アルファースィー、前掲書、第一巻、四一一ページ。
（3）イブン・ジュバイル、前掲書、一一〇ページ。

5 留礼（ウクーフ）

（1） 留礼（ウクーフ）の成立

ア 最大・最強の柱

巡礼月九日の昼から日没まで行われるアラファでの留礼は、最大・最強の巡礼の柱である。これまでは四つないし五つの柱とだけ言ってきたが、もう少し詳しく言うと、回礼（タワーフ）と留礼（ウクーフ）は四法学派全員が柱とし、禁忌（イフラーム）と早駆け（サアイ）はマーリキー学派とハンバリー学派が追加し、そして最後の剃髪（ハルク）はシャーフィイー学派が追加した。そしてこのシャーフィイー学派では、これら五つの柱が正しい順序に履行されること自体も柱に入れている。[1]

このように留礼には柱として最大・最強の基礎があるというのは、まず全法学派の支持を初めから得てきたこと、他の柱と違って実施の時期や場所が巡礼者全員同じで共通していること、またその実施にあたっては指導者（アミール、あるいはムシュリフ）が特定される点などが挙げられる。さらには以下のよく知られた預言者伝承が、端的に留礼が要《かなめ》であることを証明している。

「巡礼はアラファだ。」（アブー・ダーウードおよびアッティルミズィー伝）

これ以外に預言者ムハンマドが巡礼の柱について語るということがなかったことも、アラファの留礼が際立っている傍証となる。

また前出の法学・神学者アルガザーリーは、次のものを選んでいる。もう手放しの賛辞である。

「罪の中には、アラファでの留礼でしか許されないものもある。」

「もしアラファの日が金曜日に当たるならば、アラファに居る全員が許されるだろう。と言うのもそれは、この世で最良の日だからだ。[2]」

イ　留礼の由来

このアラファの留礼の由来は何なのであろう。イスラーム発祥以前に遡るが、楽園を追われていた人類の祖、アーダムがインドあるいはスリランカからやって来て、そしてハウワーがシリアから来てこの地で再び結ばれたので、彼らのアッラーへの感謝がアラファートで捧げられたことに端を発しているそうである。ちなみにその祝宴は、この後、本章(6)に見るムズダリファの野で張られたそうである。イブン・バットゥータによると、アラファートの丘の北側にある山沿いには、アーダムが造ったといわれる小さな建物までしっかりと残されていたようである。[3] また日本人巡礼者として草分けの一人である、田中逸平もアラファートにあるアーダムの墓について記述している。[4] その後、預言者イブラーヒームが、またさらに預言者ムハンマドがアラファァで留礼したということが、イスラーム巡礼の柱としての儀礼となった直接の起因であることは言うまでもない。

ウ　アラファの語源と範囲

アラファの語源だが、これもアーダムとハウワーに関係づけられ、彼らが互いに会った（アラファァ）場所だからだとするのである。しかし、別の説ではアラファの「知る」という意味に関係させて、預言者イブラーヒームがアッラーによって礼拝の仕方を教えられ知ったところだからだとする。アラブの本だとこういうところは必ず、アッラーフ・アアラム（神のみぞ知る）

として結ばれる。[5]

さてアラファファなのか、アラファなのか、ということが議論される。クルアーンにはアラファートとあるが、預言者の伝承ではその単数形のアラファが出てくるからである。現在両方とも使われるが、アラファートの丘（平原とも言われる）のうち、東と北側の谷のほうはアラファと呼ばれている。[6]

アラファートの丘（その面積は約一三平方キロメートル）は留礼の場所として重要だから、その境界線を定めるのは政府の地理調査が決め手となる。西方にあるミナーから入ってくるときのウラナの谷や、アラファートの丘の南方面のナミラはアラファートの外だとされている。

（2）八日：水調達の日（ヤウム・アッタルウィヤ）

ア　マッカからミナーへ

留礼より前に、七日の昼に預言者の慣行に従い、マッカで巡礼期間としては最初の説教があり、マッカから約八キロ東にあるミナーへ行くことが告げられ、八日の夜（日本式だと七日の日没後に始まる）はミナーで過ごすということがある。こういう事情を逆算して、巡礼の際のマッカ入りは七日まででなければいけないと言われる。ただしこのミナーでの宿泊は、全法学派を通じて慣行（スンナ）であるとみなされているので、現在はそれを省略して九日朝、いきなりアラファートへ赴くことも行われている。ミナーでは、定刻の礼拝時間ごとに、短縮された二回の礼拝（ラクアターニ）が行われる慣わしである。

この八日のことを、水調達の日（ヤウム・アッタルウィヤ）と呼ぶ。その理由は、九日の灼熱の太陽の下の諸行事を見てみると、どれだけ八日に水を人間と動物のために準備しておかなければならないか、ほとんど自明であろう。ただしミナーは普段は閑散とした、約四キロの長さの狭隘な谷間にすぎない。

なお小巡礼を終了していったんイフラームを解いている堪能（タマットゥウ）方式の人たちは、マッカあるいはミナーにおいて、この日もう一度、沐浴、巡礼衣着装、礼拝、ハッジの意志（ニーヤ）表明、帰依の唱和（タルビヤ）をして、禁忌を守るイフラーム状態に入る必要がある。

イ　ミナーの語源

ミナーの語根は「望む」という意味の言葉である、タマンナーと同じだが、何を望んだかというと、マンナ、すなわち力であり血だということである。一族を守るために戦って流した血は力でもあるが、それでもって安全が守られるようにアッラーに祈願したところからきている。このように地名のミナーには、もともとの「望む」だけではなくて、それと「血と力」という意味が重なっていると理解されている。

今一つ別の説は、多数の供犠が行われたので、マナー、つまり多量の血を流す、というところからきた、と言うのである。もう一つは、預言者イブラーヒームがアッラーの命令に従順なので、その息子を供犠に付さなくてもよいという赦しをアッラーが与え賜うた（マンナ）というところからきた、という説である。あるいはさらに別の説として、アーダムが天使に楽園を望むと言ったことが語源だ、とする話もある。(7)

（3）　九日：アラファの日（ヤウム・アラファ）

ア　アラファートの丘へ

九日の早暁、日の出とともに上げる祈り（ドゥアー）を済ませてから、アラファートへ昼には到着すべく出発する。その途中でも帰依の言葉（タルビヤ）、タクビール（アッラーは偉大なり）、タフリール（アッラー以外に神はなし）、そしてタスビーフ（アッラーに称えあれ）を続ける。そしてしばらくするとアラファートへの境界線を越えてアラファートの丘に入るが、その中で低くなっている南側まで来ると、そのあたりはナミラと呼ばれる地点である。ミナーからは約二〇キロの行程である。そこで預言者は留礼のための洗浄と休息を取ったそうだが、現在はマスジドが建っており、マスジド・ナミラと呼ばれている。

この九日のことは、アラファの日（ヤウム・アラファ）と呼ばれる。

このアラファの日の昼には、巡礼期間中第二回目の説教があるが、これは二回の短い説教からなる。まずマスジド・ナミラからは拡声器あるいはラジオ放送で外へも十分聞こえるようにしてある。それから二つ目の説教を各集団の先導者が行うが、内容は巡礼の機会にふさわしいものが選ばれる。(8) それについで礼拝の呼びかけ（アザーン）が行われた後、昼と夕刻の礼拝が短縮されたかたち（それぞれ二回の礼拝、ラクアターニ）で連続して行われる。これはもちろん預言者ムハンマドの慣行に倣っているが、留礼前の特別の礼拝方法で、それ以降の留礼に時間を十分にあてようという意図がある。それらを終えて準備を整えてから、慌てずに留礼に入る。

イ　留礼の仕方

まず留礼参加の時間帯は、九日の昼から始まり十日の早暁までとされる。しかしハンバリー学派だけは、九日の早暁から同日の日没までとしている。留礼の場所取りのために、実際はそうとう早くからアラファ入りをする人が多くなっている。

いずれにしても、九日の日没以前にアラファを退去した人は、留礼をしたことにならない。他方遅れたとしても、翌朝十日の日の出までにこの留礼を短時間でも済ますことが必要である。このようにその場に誠実かつ厳粛な気持ちをもって参上することが眼目なのである。

九日の日没以前に退去せざるをえない人や、十日の暁までにアラファートに到着できない人は、その年の大巡礼は諦めるということになる。その人のイフラームは解かれたうえに、中断した罰として供犠の家畜を捧げることが求められる。留礼は巡礼の柱だからそれ抜きの巡礼などはありえず、それが不首尾に終わる時、罰則があることは以前に見たとおりである（第2部2（1）「禁忌順守」）。

さて留礼に入る際心の中で、アッラフンマ・ラッバイカ・ウクーファン（アッラーよ、あなたに仕えます。留礼に際して）と意志（ニーヤ）を表明する。立つ方向はマッカの方向であるキブラに向かうが、立つ場所はアラファの谷、あるいはアラファートの丘ならどこでも良いとされている。だができれば、預言者の場合のように、自分の立っている地点から見て、ラフマ山（御慈悲山）がキブラ方向にあるのが一番好ましいようである。また留礼のために、小さなラフマ山（六〇メートルほどの岩山だが、海抜は三三九メートル）に登る必要がないことは前に触れた。

どこで留礼をするにしても、ずっと立っている必要はない。座っても横になってもかまわないし、さらには周囲に注意しながら話をするのも、クルアーンを読むのも自由ということである。また乗り物や動物に乗ったままでも許される。同時に留礼の眼目は立つとか座るとかいった姿勢の問題ではなく、その場に居ること（カイヌーナ）、そしてそこで十分悔悟し、さらにムスリムの連帯を実体験することにあるという点も、再確認したい。

(4) 留礼の祈り

留礼の心がまえを表現して、イスラーム法学・神学者アルガザーリーは言う。

「アラファートの丘に行って、最悪の罪は、アッラーがお赦しにならないのではないかと疑心暗鬼になることだとよく言われる。いろいろな国から来た人たちに囲まれて、野心や見栄のためにする集まりではないのである。アッラーが赦されるということこそ、巡礼の奥儀であり、眼目であることを知るべきだ。野心の集まりのためにアッラーの慈悲を請うことなどありえず、正しく信仰心の合一が一時に、また一つの丘でかなえられることを祈るのである。」(9)

留礼の間は、アッラーを称え、御赦しを祈願し、自らを悔悟することなどが内容だが、それは巡礼の頂点として激しいものでもある。長時間で熱気は冬でも相当である。そのためこの日はすぐ後の犠牲祭と同様に、飲食する期間であると預言者伝承にもあり、断食は禁止された。アッラーは最良の巡礼の日のために、一切の飾り付けを拒否された、そしてその日の飾りは巡礼のタルビヤをおいて他にないと言われた、との預言者伝承もある。

留礼の間中、祈りやクルアーンの朗読が勧められる。この際、決まった帰依の言葉(タルビヤ)や特定の祈り(ドゥアー)はないとされるが、習慣的によく使われるものを見ると、四〇ほどは確かめられた。そこで簡潔なのをいくつか紹介する。

「あなたの御前におります。私の胸に安堵を、そして私の周りに喜びを与えたまえ。」

「あなたの御前におります。光を与えよ、そして私の心に、私の耳、目、舌、そして私の右、左、上から、そして私自身の中に光を。」

「あなたの御前におります。胸のざわめきや、雑多な物事、そして墓の責めから私を救いたまえ。」

「アッラーよ。私の胸を開いて、私の事情を喜ばしいものにして下さい。」

「アッラーよ。あなたのお赦しが変わってしまい、あなたのお叱りや怒りが急に来たりしないように、お助け下さい。」

「アッラーよ。夜に入る悪、昼に入る悪、風の運ぶ悪、そして時間のもたらす災禍から、お助け下さい。」

「アッラーよ。もし私の罪が大きくても、それはあなたの許しの側では小さいものだ。だから、寛大なお方よ、私をお許し下さい」

「アッラーよ。あなたよ、あなたよ、なんとこの私、私、私は何度も罪を犯すもの、そしてあなたは何度も許されるお方」

「アッラーよ。もし私があなたのお恵みに達するに価しないとしても、あなたのお恵みは私に達してくれんことを。実にあなたのお恵みは（凡てを包むほど）広く、この私は（塵のような）

小さなもの」⑽

最後の締めくくりは、次の預言者の言葉である。

「最善の祈りはアラファの日の祈りである。そして私も言ったし、また私より以前の預言者たちも言った言葉で、最善のものは次のものだ。つまり、アッラー以外に神はなく、アッラーは唯一で並ぶものはない。彼に大権があり称賛も彼のためである。生かすも死なせるも思いのままで、実にアッラーは万能である。」（アッティルミィズィー伝）

まずはこういった調子が、留礼として六、七時間つづくことを頭に描いてみよう。それと以上のような短いのではなく、何十行もつづく長編の祈りの言葉も少なくない。留礼に際してはクルアーンなど、手元に持っている本を開いて読むことができるので多くの人が持参することになる。

（5）　留礼の感涙

ア　古典から

アラファの日は、信仰のあらゆる果実が詰まったような一日で、それは聖遷（ヒジュラ）の日よりも素晴らしい日であるとされている。預言者ムハンマドがその妻アーイシャに言ったという伝承には、次のようにある。

「アッラーがその下僕を業火から自由にするのには、アラファの日以上の日はない。威厳あり崇高なアッラーは近づかれ、下僕を巡って天使たちと誇りあい、彼らは何を欲しているのか？　と問われる。」（アブー・ダーウードおよびアッティルミズィー伝）

この日はアッラーが直覧される日（アルヤウム・アルマシュフード）とも言われることになった。留礼については、巡礼中最高の儀礼として実に多く書かれてきているので、もう少し敷衍したい。再び十二世紀末の人、イブン・ジュバイルの『旅行記』を見てみよう。

「そして前述の金曜日、昼とアスルの礼拝を同時に済ませると、人々は悔悟し、泣きながら、留礼の行を行った。そして至高至大なる神には、その慈悲を求めた。『神は偉大なり』の声が高まり、人びとの祈りの騒音は高まった。一日にこれほど人々が涙を流したのが見られたことは嘗てない。またこれほどの人々の心が悔悟し、神の前で服従の念と謙遜の念に駆られて首を垂れるのは嘗て見られなかった。人々がこのような状態を続けている間、太陽は彼らの顔を焦がしていたが、やがて日輪は没し、日没（マグレブ）の刻となった。[11]」

巡礼月九日（ヤウム・アラファ）が金曜に重なることは、非常に重視されていた。月初めの日を決める新月の動きの観測をごまかしてでも、なんとか九日に金曜日がくるようにした、ということが問題にされたという記述も、同じ『旅行記』に出てくるくらいである。

イ　現代の描写

それはさておき、巡礼者の上の描写を通じて自然に疑問として湧いてくるのは、これらと現代とはどれほど、何が異なっているのかということである。容易に想像できるそれら双方の映像は、ほとんど完璧に重なってくると言わねばならない。パレスチナ出身の現代のイスラーム思想家であり作家であるムニール・シャフィークの巡礼記を見てみよう。

「日没までわれわれはアラファで過ごした。それは、逃したら巡礼が成り立たない、基本的な柱である。アラファでのこの数時間は、祈りとお赦し請いに満ち満ちていた。……そして巡礼は、アラファで頂点に達したと感じた。あるいはアラファ山（注：ラフマ山）も含めて、いくつかある頂点の一つだと感じた。……そこでは祈りとお赦し請いしか考えられなかった。……巡礼者たちを見たときは、そして特にここアラファでは、分裂と表面的な弱さにもかかわらず、イスラームの力とイスラーム共同体の力を感じさせられたのだ。[12]」

パレスチナ人だけに、イスラーム共同体（ウンマ）の力強さに期待したいという気持ちが働いているのかもしれない。しかし「祈りとお赦し請い」の行《ぎょう》としている点において、イブン・ジュバイルの書いていることと瓜二つと言えるであろう。

最後には、また「回礼」の際に見たエジプト人作家、ムハンマド・フセイン・ハイカルに戻る。彼は留礼の後、帳《とばり》が下りたことにやっと気がつくと、自分のテントの場所を見失ってしまっていた。しかし戻るべき道を探すよりも、その夜の内面的な感動を語っている。このような詩的なタッチのほうが、われわれにはしっくりしたイメージを心に残してくれるかもしれない。

「やっとその方向がわかったとき、思わず扉のところで止まった。心が言うことを聞かず、夜空そして光って微笑んでいる月と自分との間を、テントが妨げることを拒んだのだ。それはまた、私とこの霊的な世界の間を、遮断することも拒んだ。この偉大な霊的世界は、今この地点で集結し、またこの瞬間、毎年集結するのだ。そしてその時、この世の虚飾を離れ、そしてアッラーに、地上でその御教えが実現するよう、また正義、公正、平和が実現するように、祈念するのだ。」[13]

(6) ムズダリファ野営（マビート）

ア　ムズダリファへ

こうして巡礼中の最高潮の時を過ごした後、時間がくると日没の礼拝への呼びかけを耳にする。しかし礼拝をしないままで巡礼者たちの大群がアラファートを出て、一斉にもと来た方向へ戻りはじめる。それは厳粛さと敬虔さが求められる行進である。移動の最中だから大声でも出しそうになるのを、預言者も「ゆっくりと、静かに、静かに」と言いながら進んだとなっている。ここを一斉に大急ぎで移動するのは、イスラーム以前の風習として預言者は戒めたのであったが、その後この旧弊が息を吹き返してきた。信仰心の高まりとともに、野営場所への時間的な逼迫感もあるのだろう。それが今日に見られる自動車やバスの大騒音と混雑にも繋がっているのである。ところでこのときの巨大な規模の人の動きが、怒濤のようになるのを目の当たりにした十四世紀の人、イブン・バットゥータの驚きは手に取るようである。

「マッカに戻る時間が来ると、イマームは手で合図し、（注：説教）台から下りる。すると群集はにわかに雪崩のようにマッカに向かって走り下るので、大地も震い、山々も揺らぐかと思われる。[14]」

その行く先のムズダリファという約九キロにわたる谷間の地点（面積はアラファと同様約一三平方キロメートル）で野営をするためだが、ミナーと異なりテントはなくて、現在ではマスジド・ムズダリファに隣接した広大な駐車場とその周辺がその主な舞台となる。

ちなみに地名のムズダリファの語源は、イズダラファ、つまり意味は「近い」ということで、人々が深夜近くなってから来る、人々が互いに近く集団で来る、二つの礼拝が近づけられている、あるいはアーダムとハウワーが会って近くなった、などに関連づけられている。[15]また参考までだが、この地名のアラビア語表記は、定冠詞アルを付けるのと付けない形の両方が併用されている。

イ　野営の仕方

ムズダリファに着いたらまず大切なことは、礼拝の呼びかけ（アザーン）は一度だが日没と夜の両方の礼拝の意志表明をして、その後つづいて日没（通常どおり三ラクア）と夜の礼拝（短縮した二ラクアだけ）の両者を合体礼拝で続けて済ませるということである。これも預言者の慣行（スンナ）に則る方法である。

そして夜間中、ムズダリファに留まるのが原則である（マーリキー学派は、滞留が旅程上許すならばそれは義務であるとする）。夜の前半はその地域を出てもよいが、後半は戻らなければならない、といったような小分けにしての議論が、一部法学者の間では喧《かまびす》しくとり行われてきた。

ほとんど徹夜か仮眠程度になる。またこの時には冬場であれば寝袋は欠かせない。夜半も過ぎる頃には、早起きして十日の日中の予定に備えなければならない。通常の時間より少々早目に暁の礼拝が行われることもしばしばである。留礼が順調に終わったことに感謝し、まだ残っている巡礼の日々が無事過ごせるように祈りを上げる。ここでの留礼（ウクーフ）と祈りも義務として大変重視されており、これができないときは代償として家畜を提供しなければならないとされる。

また夜の間あるいはアルマシュアル・アルハラーム（現在ではムズダリファとほぼ同義の地名になっている）の地でする作業としては、ミナー到着後すぐに必要となる最小限七個の小石を集めるということである。石投げの儀礼（ラムイ）には全部で四九個あるいは七〇個必要だが、ミナーで残りを集めることもできる。サウジ政府は大変な予算をかけて毎年小石をムズダリファに戻しているので、そこで集めるのに苦労はしない（ただし落としたりするので、実際は八〇個ほど集めること）。

それから夜明け前にもミナーへ向かいはじめる。あるいは、気の早い人は先にミナーへ行き、そこで夜明けの礼拝を上げる人もいる。また女性や病人、高齢者は夜半過ぎまでムズダリファに野営すればよいと解釈されているので、グループで行動する場合はこの解釈が適用されることが多いようである。ミナー行きの際、途中のムハッスィルの谷を通る時は、早足で駆け抜けるという慣行（スンナ）がある。そのゆえんは、昔ある時、先陣を切っていた象がムハッスィルの谷で病気になったという伝えがあり、そのためそこでシャイターンの災禍を避けるために早足で過ぎ去ることになったというのである。この話は五七〇年頃、エチオピアから象に乗った軍がマッカ攻撃に来た出来事と関係しているのかもしれないが、はっきりしてはいない。ちなみにこの地名の語源であるハッサラは、病になる、という意味である。[16] ただしこれもバスの移動となれば、気のつかないうちにムハッスィルの谷は過ぎてしまう。

注（1）アッタイヤール、前掲書、六三ページ。

(2) アルガザーリー、前掲書、二九、三一ページ。
(3) イブン・バットゥータ、前掲書、七六ページ。
(4) 田中逸平『白雲遊記』歴下書院、一九二四年、二〇五－二〇九ページ（復刻版、論創社、二〇〇四年。全二七二ページ）。
(5) アルファースィー、前掲書、第一巻、四〇〇ページ。イブン・アッディヤーィ『マッカと聖マスジドおよびアルマディーナと預言者の墓の歴史』四七ページ。
(6) アッタール、前掲書、一五三－一五四ページ。
(7) アルファースィー、前掲書、第一巻、四一八ページ。
(8) 二〇〇六年十二月二十九日、著者がアラビア語・日本語・英語で実施したアラファの日の説教テキストは、本書参考4を参照。
(9) アルガザーリー、前掲書、一八四ページ。
(10) 上のうち最後の三つのドゥアーの呼びかけは原語では「私のアッラーよ（イラーヒー）」になっているが、それらも一律「アッラーよ（アッラーフンマ）」に置き換えて訳出した。写本によってはこの点両方あるものもある由。アルガザーリー、同掲書、一〇九－一一五ページ。およびアッタイヤール、前掲書、一二二－一二五ページ。
(11) イブン・ジュバイル、前掲書、一六二ページ。
(12) シャフィーク、前掲書、三九－四〇ページ。
(13) ハイカル、前掲書、九六ページ。
(14) イブン・バットゥータ、前掲書、七六ページ。
(15) アルファースィー、前掲書、第一巻、四一三ページ。
(16) アルファースィー、前掲書、第一巻、四〇九ページ、および本書「はしがき」で言及したインターネット情報。

6　石投げ以降

巡礼月十日の日は、供犠の日（ヤウム・アルハドイ）あるいは屠畜の日（ヤウム・アンナフル）と呼ばれる。この日はいろいろな儀礼が重なり、忙しい一日となる。

まずムズダリファの野営の後、ミナーに移り最初の儀礼は石投げ、ついで供犠、それから剃髪と続く。これらはすべて義務とされるが、この日の名称は供犠の儀礼に因んでつけられた。一方、シャーフィイー学派は供犠ではなく剃髪を巡礼の柱に入れた。髪を剃ることによって禁忌の大半が解かれて、一応の解禁状態（イフラール）になる重要性に鑑みてのことである。他方、最終的な禁忌解除はもう少し後となる。いずれにしても以上の三儀礼は、すべて原則ミナーで行われる。

この日の昼、預言者の慣行である巡礼期間中第三回目の説教が行われる。ちなみに預言者の「別離の説教」は、アラファとミナーでそれぞれ行われたことが想起される。では儀礼を一つずつ見ていくことにする。

(1) 石投げ(ラムイ)

ア 由来と意義

この儀礼は、預言者イブラーヒームが息子イスマーイールを犠牲に付そうとしているところを、シャイターンのイブリースが三カ所で悪の誘いをかけたので、アッラーはそれを追いやるために石投げを命じられたということに端を発している。その時、イブラーヒームは大石投げ場、妻ハージャルは中石投げ場、息子イスマーイールは小石投げ場を使ったという。それがイスラームの儀礼として受け入れられた理由は、そのようなイブラーヒームらの行為を預言者ムハンマドが採用して、巡礼の儀礼に組み入れたということが直接的な理由である。

他方、より精神的な説明としては、このような肉体的な行動に従うことで、心理的なあるいは知的な側面からは少し離れて、一途にアッラーの命に従いその下僕であることに専心するためである、とも言われる。だから身を挺して石で追い払うのは、自らの邪心に他ならないということになる。

クルアーンを読誦する前に必ず唱える言葉は、「石もて打たれる悪魔から、アッラーの御加護をお願いします(アウーズ・ビッラーヒ・ミナッシャイターン・アッラジーム)」というもので、石投げの儀礼が直接言及されている。だが巡礼儀礼としての根拠は、クルアーン中には見当たらず、この点他の儀礼とは異なる。しかし巡礼の義務的な儀礼であるということについては、全法学者の意見は一致している。

イ　石投げの手順

十日、ムズダリファからミナーに入ったらまっすぐに、アカバの谷にある大石投げ場へ向かう。それは聖マスジドに入るとすぐにカアバ聖殿に向かうのと同様に、それぞれの場所への挨拶と見なされるからである。そして石投げ開始とともに、それまでの帰依の言葉（タルビヤ）の唱和は停止する。

石投げ場には、大中小と三種類ある。アラビア語では大中小は、アカバ（大）、ウスター（中）、アウワル（第一）と呼んで区別される。十日に使う場所は一番大きなところだけだが、一番マッカ寄りにある。その次が中サイズ、最後の一番ミナー寄りが小サイズ石投げ場になっている。それぞれ二〇〇メートル弱ほど離れている。大と中サイズの石投げ場の時は、右手にミナーを左手にマッカとなる向かい方が良いとされる。小サイズの時は、逆向きが良いとされる。だからそれぞれの場所へ接近するときに、前者二カ所は南側から、後者の小サイズには北側から近づくようにと言われる。

石投げの日は、時間的に帰国を急ぐ場合は十〜十二日の間、さもなければ十〜十三日の四日間である。十日はアカバだけだが、残りの日は毎日三カ所を回る。その順序は小、中、大となる。また石を投げるのは中にある石柱を目掛けるのではなく、円周の穴場に投げ入れるので十分だったのであるが、この点は多くの巡礼者が誤解していて石柱を目掛けなければならないと考えてきた。それは圧死者を出すほどの混雑の一因ともなってきたので、二〇〇四年、石柱を取り払って、すべて五〇メートルの長さの石の壁に作り変えられた。これだと人々は歩く流れに乗って石投げをするので、一点に集中するということはなくなる。長年の伝統を改める大変な改革である。(1)

投げる数はどこもそれぞれ七個で、投げる時には、アッラーフ・アクバル(アッラーは偉大なり)を唱える。悪魔退治の儀礼だから、アッラーフ・アクバル以外の帰依の言葉(タルビヤ)や祈り(ドゥアー)は避ける必要がある。ただしこのアッラーフ・アクバルも、実際はかなり追加されて長いのが使われているが、ここではこれ以上は簡略化のため割愛する。

もちろん七回に分けて、一つずつ投げる必要があり、まとめて一度に全部とはいかない。また七個以下は認められない。さらに投げるのは小石に限られ、サンダルなど他の物を投げる例が見られるが、それは意味をなさず、また許されない。

中と小の場合は、終了後改めてキブラに向かい、現世と来世の最善を祈念し、両手を上げながら祈りを捧げる。「アッラーよ、恵み多き巡礼とし、罪はお赦しください」(アッラフンマ・イジュアルフ・ハッジャン・マブルーラン・ワザンバン・マグフーラー)というのも、この際の典型的な祈りである。ところがこれは中と小の場合だけで、大のアカバ石投げ場では、石投げ終了とともに最早立ち止まらず直ちに引き上げる。

石投げの時間帯は、十日は朝から日没まで終日、それ以外の日は午後から始めて日没までとされる。しかし最近の混雑から、実際は早暁から始められ、また全期間を通じて夜間も認めようという方向に変わっている。

ウ　作法など

休み休みするのではなく、できるだけ一繋がりの行とするようにする。投げるのは原則右手でし、小石は指先か豆粒のような大きさが良いとされる。原則は小石だが、一部には泥、土など地面から取れるものでよいとする考えもある。また一度投げられた石を拾って使うことはできない。高齢、病気、妊娠、幼年などのため、石投げを代理に頼むことはできる。ただしその代理人はその年の巡礼者であり、かつその日の石投げをすでに済ませていることが求められる。また自分で投げられるのに、むやみに代理人を立てることは許されない。できるかどうかを見るのに、一応自分で投げてみることは許される。シャイターンを滅ぼすからと言って、大声を上げたり騒いだりする人も目立つが、それは間違いで、ここでも厳粛に執り行うことが必要である。また近づく時に、後ろから勢いをつけて突進する人もいるが、そのような肉体的な興奮は抑制するように呼びかけられている。

初日に使う七個の石を拾うのはムズダリファであるが、それ以外の四二個あるいは六三個はミナーで拾うというのが預言者の慣行（スンナ）であった。しかし現在はムズダリファで一気に集めないと、ミナーはほとんどすべてアスファルトで舗装され、使用済みの石しか実際は見つけにくいようである。また拾った石を洗うことは求められていない。もちろん血や排泄物で汚れているものは、不浄だから持ち込めない。[2]

（2）供犠（ハドイ）

ア　由来と意義

預言者イブラーヒームは信仰上の試練のため、その息子イスマーイールを供犠するようアッラーに命じられたが、イブラーヒームは素直に服従して息子と共にその決心をしたところ、アッラーがその従順さをかわれて、結局身代わりの供犠獣（立派な羊）で済んだという話に源を発している（クルアーン・整列者章三七・一〇二―一〇七）。ミナーの北側の山中には、実際にイブラーヒームが息子を犠牲にする際に使用しようとしたとされる供犠所が残されていた。

このように供犠をする、屠畜をするということは、アッラーへの服従の表明に他ならない。また精神的には、人が犠牲に付してアッラーに供することができる最大のものは、自分の悪く誤った魂だという解釈も行われる。

そして石投げとは違って、供犠はクルアーンにも明記された義務となった。

「また（供犠の）ラクダ（や牛）を、われはあなたがたのためアッラーの儀式用とした。それらにはあなたがたへの（多くの）利益がある。……このようにそれらをあなたがた（の用）に供させるのもあなたがたに感謝の念を起させるためである。」（巡礼章二二・三六）

そして供犠の血や肉ではなくて、供犠という行為とその篤信ぶりが肝心であることを再確認しよう。

「それらの肉も血も、決してアッラーに達する訳ではない。かれに届くのはあなたがたの篤信（タクワー）である。」（巡礼章二二・三七）

供犠という行為により篤信を実行し、巡礼という大変な行事を無事に済ませそうなことを感謝し、同時に喜捨により貧しい人たちや困窮者たちに相互扶助の精神を発揮することによって、ムスリム共同体の同胞愛に満ちた協力を実践するということにもなる。だが率直に言って、日本人の感覚からすると、血の滴る動物を主に捧げるということこの儀礼が、巡礼の諸儀礼全体の中でも当初は一番距離があり、取っ付きにくい感を否めない。それだけに背景となる説明、クルアーン上の典拠、そして信仰上の意義について改めて振り返って見た。

なお巡礼者にとってはこのように敬虔な日々となるが、その功徳を偲びつつ世界中のムスリム社会では、巡礼月の十日を犠牲祭（イード・アルアドハー）としてイスラームの大祭（アルイード・アルカビール）の日とされる。ちなみにこの犠牲に付すという言葉の語根（ダハー）は、見えるようになる、という意味であり、したがって犠牲祭を復活と結びつけて見る考えもある。

このお祝いごとは十日に限らず、さらに一週間ほどの休暇期間中つづく。家庭でも羊などを屠り、喜捨も行い、また晴れ着を着てお互いに訪問したりプレゼントを交換したりする祝日となった。中東では家の庭で羊が屠殺され、その血の滴るまわりを子供が楽しそうに走り回っているのをよく目にする。このように幼い頃からの生活体験も通して、供犠のもつ篤信、相互扶助、生命の尊重といった精神的な側面に対する感覚が養われていくものなのであろう。

現在、巡礼期間中にミナーで実際に自分で家畜を殺すことはないであろう。巡礼者のほとんどは、指定の銀行に約一〇〇ドルを振り込むシステムになっている。そしてミナーからムズダリファの方面にある広大な屠畜場において供犠が代行される。こうなるとますます、この儀礼の精神的な意義をしっかり把握しておく必要があるように思われる。また以下の細かな議論や規定の大半は、実用の世界からは遠くなった。

イ　供犠の種類

大きなラクダの肉が一番たくさんの人に一度に行きわたるので、最も良いとされ、ついで牛、羊や山羊が良いとされる。一般論として供犠の態様としては、次の四つに分かれる。(3)

●任意の供犠。（巡礼章二二・三六）

●巡礼者で連結（キラーン）と堪能（タマットゥウ）の方式の人が、一度の旅程で巡礼が全うされたことに感謝するための義務としての供犠で、この節で扱っている供犠の種類である。なお単独化（イフラード）の場合はまだ改めて小巡礼をするまで巡礼は完結していないので、十日、その感謝のための供犠をすることはない。この際、屠畜をするとすれば任意の供犠になる。（雌牛章二・一九六）

●巡礼の義務の一部不履行や禁忌を犯した場合の罰則としての供犠（雌牛章二・一九六）。禁忌違反について本書第2部2で述べたように、この場合は、供犠の家畜提供、六人分の食事提供、もしくは三日間の断食などを選択することになる。なおラクダと牛はそれぞれ一頭が七人分、羊一頭は一人分の食事提供という計算になる。

●聖マスジドでアッラーへの誓いを立てるための供犠。（巡礼章二二・二九）

後二者は、すべて喜捨（サダカ）にするが、前二者は自分で食べるとともに喜捨にも回す（巡礼章二二・二三六）。その場合、自分で屠殺して仕分けが可能ならば、最良の部分を喜捨に回すこと、残りを自分で食べることの二つは、義務的行為であるとされる。

ウ　供犠の時間

十日、ヤウム・アルハドイの夜明けから十三日の日没時まで、というのがシャーフィイー学派ほか大半の法学者の意見である。ただし十日はミナーの石投げの後でなければならず、またいずれの日であっても、できるだけ供犠は日中に、そして肉を分けるのは夜が良いとされる。他方、マーリキー学派とハンバリー学派では、供犠の日である十日だけしか供犠を認めないという意見があり、ハナフィー学派には、堪能（タマットゥウ）と連結（キラーン）の両方式の巡礼者について、やはり十日にしか認めないという考えの法学者もいる。

エ　供犠の場所

ミナーでするのが伝統的だが聖域内ならばどこでも認められる。小巡礼の際に義務ではないが、屠畜するとすれば解禁の地点であるマルワが良いとされる。しかし実際はマルワでは、現在手狭でほとんど行われていない。

オ　供犠の方法

ビスミッラー、アッラーフ・アクバル・ハーザー・ミンカ・ワラク（アッラーの御名において、アッラーは偉大なり、これはあなたから、そしてあなたに）と唱え、キブラに向かいつつ、生きたまま頸動脈、食道、気管を一刀のもとに切る。そしてできるだけ血を出し切って、肉の鮮度を保つようにする。これこそ慣れないとできない技である。預言者ムハンマドは自分の年齢分として、ラクダ六三頭を自分で屠殺し、残りの三七頭ほどはアリーに委ねたとされる。

カ　供犠の条件

家畜動物であること、病気、片目や片足など欠けたところのあるものを除くこと、ラクダは五歳、牛は二歳、山羊は一歳、羊は六カ月以上の年齢であることなどが挙げられる。

キ　供犠が正しくできない場合（堪能方式か連結方式の場合）

これには第2部2のとおり、義務違反の罰則がある。すなわち家畜の屠殺か、断食を十日間するということである。ただし断食は三日間を巡礼中に、帰国してから残余の七日間断食するというように二つに分割も可能である。

（3）　剃髪（ハルク）

ア　意義と根拠

剃髪は巡礼の柱（シャーフィイー学派）、あるいは義務（シャーフィイー学派以外）とされ、それは禁忌状態（イフラーム）を解除する重要な儀礼であることについては大半の法学者の見解は一致している。同時に預言者の慣行によっても、この後はカアバ聖殿に戻って大挙の回礼（タワーフ・アルイファーダ）に臨むので、留礼（ウクーフ）など苦行を乗り越えた後さっぱりとして最終儀礼に臨むということにもなる。それはアッラーへ自分の体の一部を捧げる意味があるともされる。(4)

なお解禁になるといってもこの段階では、第一次解禁と言われる状態、すなわち服装など大半の事柄は普段どおりに戻すのが好ましいとされるが、性交渉や結婚だけはまだ許されない。(5)

剃髪の義務の根拠としては、クルアーンの次の一説が挙げられる。「もしアッラーが御望みなら、あなたがたは、安心して必ず聖なるマスジドに入り、あなたがたの頭を剃り、または（髪を）短く刈って（ハッジやオムラを全うする）。」（勝利章四八・二七）もちろんこれ以外に、預言者伝承もしっかりしたものがいろいろ豊富にあることは言うまでもない。

イ　剃髪の方法

剃髪のほうが断髪（タクスィール）より良いとされる。しかし女性の剃髪は預言者伝承で禁じられているので、女性の場合剃髪はありえず、房の端を少し短くする程度か、あるいは少なくとも三本の毛を切る。また剃髪、断髪のいずれであれ、その分量については議論がある。ハナフィー派とシャーフィイー学派は頭の一部でよいとするが、マーリキー学派とハンバリー学派は預言者の慣行（スンナ）に則り一部ではなく頭全体だとする。後者のほうが強い意見のようである。

まず髭を整えることから始め、爪も切る。頭を刈るときは右半分から始めて、次に左半分に移るのが慣行（スンナ）である。禿げていて毛髪がなくても、儀礼として剃刀は当てる。(6)

ウ　剃髪の時期

多くは十日、供犠を上げた後で行う。そして遅くとも十三日、屠畜の日々（アイヤーム・アンナフル）の最後の日までにきっちり済ませればよいとされる。完全な実施が十三日より遅れた場合には、ハナフィー学派は義務不履行の償いとして家畜を提供すべしとするが、ハンバリー学派とマーリキー学派は、その代償は慣行（スンナ）であり必ずしも行う必要はないと考える。シャーフィイー学派にとって剃髪は巡礼の柱だから、当然の結果として正しく行えない場合は、巡礼が成立しなかったという帰結になる。

エ　剃髪の場所

ミナーなど聖域内ならば問題はないが、それより外だと意見が分かれる。聖域外の場合、ハナフィー学派は十三日以前なら禁忌は解かれるが、償いとして家畜を供犠に付す必要があるとする。他の法学派もミナーでの剃髪を勧めるが、それ以外でも代償は求めない。

ミナーには臨時の散髪屋がたくさん並ぶ。また十日、石投げ後にそのままつづいて大挙の回礼に臨む人も多く、その場合はマッカ市内で剃髪することになる。市内にも臨時の散髪屋が路上に多く見られる。

（4）　ミナー逗留

ア　ミナー逗留の意義と内容

十一日には、巡礼期間中として最後の第四回目の説教が行われる。これも預言者の慣行による。またこの逗留中は、礼拝の定刻の時間ごとに短縮された二回（ラクアターニ）の礼拝が行われるのが特徴である。

この後、十三日まで供犠の日々（アイヤーム・アルハドイ）がつづくわけだが、十一日、十二日の夜はミナーで過ごすことが求められる。ハナフィー学派だけは、義務でなくて慣行（スンナ）だとしているが、逗留自体は必要だと言える。しかしその期間については病気だとか何か巡礼者の役に立つような仕事があって帰国を急ぐ場合は、ミナーの逗留は十一日だけにしても認められる。事実、大半の人は十二日の日没前に出発する。[7] なおミナーが手狭になったために、あまりにマッカ寄りの地点や極端にはマッカへ戻っている人もいるが、これはミナーでの宿泊の勤めを果たしたことにはならない。場合によっては宿泊場所について学識者か案内の人たちに、たしかにミナーの範囲内かどうか確認したほうが安全かもしれない。

このようにミナーでの宿泊が要求される背景は次のとおりである。イスラーム以前では、ミナーは半島各地からのアラブ人たちが集まり、その血筋や出身部族などを誇り、それを詩で歌ったりするのが風習であった。この習俗を打破するところに狙いがあったわけである。このような現世的な俗欲の市場を、民族や人種に関係なくアッラーの命の下に参集し、篤信で一つになる信徒の共同体に成長させ、それを無視できないかたちで数日間、多神教徒たちに対して目の当たりに見せつけたということである。

なお以上十一〜十三日の三日間のことは、供犠の日々（アイヤーム・アルハドイ）あるいは屠畜の日々（アイヤーム・アンナフル）とも呼ばれる。しかしイスラーム以前はそれを日照日（アイヤーム・アッタシュリーク）と呼んでいた。その由来は十日、アルマシュアル・アルハラームからミナーへ戻るのは太陽が出てからという習慣だったとか、あるいは供犠の肉を日射で乾燥させたからだ（この場合は、乾肉日とも訳される）とか言われる。いずれにしても、イスラーム以降もこの日照日あるいは乾肉日（アイヤーム・アッタシュリーク）という呼び方は、人々の口に馴染んだまま消滅しなかった。

この三日間石投げが行われ、供犠や剃髪の諸行事が同時並行的に継続される。その間に、ミナーでは有名なマスジド・アルハイフを訪れるのも良いかもしれない。そこは預言者ムハンマドの伝承で、七〇名からの預言者たちが祈りを捧げ、七〇名の預言者たちの墓があると言われている。[8]またそのさらに南で山手のほうには、「送られる者の洞窟」と呼ばれるところがある。そこはイスラーム初期のマッカ時代、預言者ムハンマドに、クルアーン第七七章「送られる者（アルムルサラート）」が降ろされた場所として、多くの人がミナー逗留中に訪れる。また「別離の巡礼」の際、そこで預言者ムハンマドは、八日の水調達の日は昼、夕刻、日没、夜、および九日のアラファの日は早暁、という計五回の礼拝を行ったとされている。[9]

イ　再び大挙の回礼と早駆け

十日、供犠の日（ヤウム・アルハドイ）あるいは屠畜の日（ヤウム・アンナフル）の続きだが、剃髪を済ませると平服に着替えて、次の儀礼はマッカへ赴いて行う、大挙の回礼（タワーフ・アルイファーダ）と早駆け（サアイ）である。これら両方とも、巡礼の柱であることはもう言うまでもないであろう。[10] そしてさらには十二日、あるいは十三日にマッカを去る前に、義務としての、別離の回礼（タワーフ・アルワダーイ）がある。これはもう巡礼の行程を終わったあとだから、早駆けはない。これらについてはすでに第2部3「回礼（タワーフ）」のところで整理して述べたが、時系列的にはこの段階で実施されるので、今一度明確化のため以下に述べておく。

（ア）　大挙の回礼

この回礼は、できるだけ十日の午前中が良いとされるが、この日は忙しい一日になる。そこで、できるだけ遅くとも日没までに開始することが勧められる。とはいっても大変な混雑だから、夜になるか、あるいはさらには十三日までずれるのも仕方ないという法的な勧告（ファトワー）も出されている。またマーリキー学派は十二月一カ月の間、この大挙の回礼ができるとしている。

幾度か述べたように、大挙の回礼では到着の回礼のように、最初の三周を早足でするということはない。またイフラーム布のイドティバーウという着方もしない。いずれも小巡礼である到着の回礼に限られるからである。

女性で月経と重なりそうな場合は、大挙の回礼は清浄でなければならないので、それを石投げよりも先にしてもかまわない。預言者ムハンマドの妻アーイシャはそのように一団の女性参加者を指導していたということである。また薬を使って時期を調整することも差し支えない。

(イ) 大挙の回礼後の早駆け

連結（キラーン）や単独化（イフラード）の方式で到着のタワーフと共にすでに早駆けを済ませている人は、ここで二回目をすることは認められない。巡礼中には、早駆けは一回に限られるからである。なお十日、大挙の回礼の前に早駆けを先にすることは、通常認められないこともすでに言及した（本書第2部4（2）「早駆けの仕方」）。ここの早駆けが済めば、禁忌（イフラーム）は全面的に解禁となる。念のために確認すると、堪能（タマットゥウ）方式以外ですでに早駆けを済ませていれば、大挙の回礼終了で全面的な解禁ということになる。

(ウ) 別離の回礼（タワーフ・アルワダーイ）とその後

この回礼の際にも、原則として仕方は大挙の回礼と変わりないということで、七周済めばその後黒石に頰擦りし、ついでイブラーヒームの立処の後方で二回（ラクアターニ）の礼拝を捧げる。大挙の回礼同様、三周の早足やイドティバーウの着用法はない。女性で月経や産血の場合は、この別離のタワーフは省略する。タワーフでは他の行事と異なって清浄さが求められ、他方このタワーフは省略しても女性の場合、罰則や代償が求められることはない。

別離のタワーフが済めば、カアバ聖殿に背中を向けたくないとして、後ろ向きに歩んで立ち去ろうとする人がいるが、それは根拠がない。さらには、すべてが終わった以上、早々にマッカを去るのが作法である。歴史的にもマッカに長逗留する人たちが出てきて、その気持ちを察することはできても、聖地管理上の問題が多数引き起こされてきたので仕方ないことであろう。もちろん病気になったり、あるいは何らかの遅れる正当な理由がある時や、あるいはそのような同僚を待つ間など、例外的に長逗留が認められる場合もある。

石投げは、十一日〜十三日の間は原則午後からしかできなかったが、実際は早暁から始めることが認められるようになった。この関係で、午前中に別離の回礼を済ませておいて、午後に石投げをしようとする人も出てきた。しかしこれでは別離の回礼はあくまで、出発前の最後のアッラーへの約束であり契約の機会であるというポイントが失われてしまうので許されない。タワーフ・アルワダーイはまさしくマッカ出発最後の行事とする必要があるということを確認してほしい。マッカから帰国するまでの道のりも、敬虔さと厳粛さを維持することが必要である。また帰国後の、巡礼修了者（ハーッジュ、ハーッジャ）としての責任感も求められる。

注

（1）これとともに、従来のように接近する際の北側、南側の選択は問題にされていない。むしろ巡礼者を固まらせないために、両側面を有効活用することが期待されている。

（2）アッタイヤール、前掲書、一二七－一三九ページ、および一四〇－一四二ページ。

（3）サービック、前掲書、第一巻、七三六－七四三ページ。

（4）ニマー・イスマイル・ナワブ「一生の旅」『王国―サウジアラビアの土地と人々』所収、在日サウジアラビア大使館、発行年不明、四五ページ。

（5）サービック、前掲書、第一巻、七四三－七四七ページ、およびアッタイヤール、前掲書、一〇三－一〇五ページ。

（6）剃る時に頭から血が出ているのをよく見る。予め一ミリカットくらいのスポーツ刈りにしておくこと、また安全剃刀を使用することを確認するとよい。

（7）十二日夜半過ぎには、女性、老人、病人などはミナーに逗留したものと見なされることは、ムズダリファと同様である。同日、日中から午後は、三日目で最後の石投げをして、その足で別離の回礼に赴くことが実際の例のようである。夕方以降のほうが多少はカアバ周辺も空いているし、日没後は十三日になるのでこの後は儀礼なしで出発できる。十三日もミナー逗留すると、その日、日中には石投げと別離の回礼が入ることになる。

（8）アルファースィー、前掲書、第一巻、三五〇ページ。

（9）アッタイヤール、前掲書、一四六－一四七ページ。この洞窟へ八日、九日に巡礼者が殺到しないようしきりに戒められている。

（10）ただし実際は、石投げの後、イフラームのままで大挙の回礼と早駆けに赴き、それから供犠終了の連絡が供犠代行会社から入って剃髪し、そしてイフラームを解くという手順も普通に見られる。供犠が代行制となって、混雑のためそれが終わるのがいつになるかわからないという事情が背景にある。

第3部　補　論

1　マッカ旧跡巡り

マッカとその周辺には当然ながら数多くの旧跡があり、伝統的に巡礼の際の訪問先として魅力の一つとなってきた。だから大半のアラビア語の巡礼関係書では、それらを紹介するのが普通である。しかし聖跡を避ける考えから格別の保存措置は取られなかったので、時間の経過とともに崩壊、消滅して砂漠に戻るか、あるいは必要に迫られて営々と続けられてきた聖マスジドの拡張工事ならびに都市整備や開発のため、元の姿を全くとどめないものも少なくない。

ア　マスジド

初めに今まで名前が出ていないマスジドを見よう。

●マッカ市内東北側にあるマスジド・アッラーヤ（旗）は、預言者ムハンマドが六三〇年マッカ制圧直後に礼拝した場所に、同年建造された。今は現代建築に生まれ変わっている。

●聖マスジド拡張のために、その周辺にあった次のようなマスジドが消滅した。マスジド・アブー・バクル（預言者と共にヒジュラに出発した場所でマッカの南側）、マスジド・ハムザ、マスジド・アルフタバー（預言者の生誕地のすぐ側に建てられた）。ダール・アルアルカムは預言者ムハンマドがヒジュラ以前にマッカで身を潜めることが多かった家で、これもマスジドの一つに数えられることもあったが現存しない。

●マスジド・アッジンは現在もあり、幽精（ジン）章（七二）が降ろされた場所に建造された。預言者が礼拝した際に誘惑するジンが集まったのだが、やがて彼の言うところを聞き入れてムスリムとなったとされる。ここはマッカ市警備にあたる際の境界でもあったので、マスジド・アルヒラーサ（警備）とも呼ばれる。今は現代建築になっている。

●マスジド・アルイジャーバ（回答）は、預言者ムハンマドがヒラー洞窟にしばしば足を運んだ当時よく立ち寄って礼拝した場所に、ヒジュラ暦七二〇年建設された。これも今は現代建築になっている。

●マスジド・アルバイア（盟約）はミナーのアカバ谷の近くで、そこで六二〇年、アルマディーナからの支持者（アンサール）たちが預言者ムハンマドに従う盟約（バイア）を立てた。ヒジュラ暦一四四年の創建当時は、縦三五メートル、横二〇メートルほどのサイズだったそうである。今は当時の碑文は残されているが、マムルーク朝時代の遺構が風に吹かれているだけである。

●ミナーで現存しないマスジドとして、次のものがあった。マスジド・アルカブシュはミナー北側の山中、預言者イブラーヒームが息子イスマーイールを供犠にしようとした岩の上に建てられた。その山はサビール山と呼ばれるが、そこから実際に犠牲になった羊を下ろしてきた地点にマスジド・アンナフル（屠畜）、近くの場所でアル・ムルサラート（送られるもの）章（七七）が降ろされたマスジド・アル・ムルサラートがあった。

●アラファのラフマ山の麓にある岩で預言者ムハンマドは留礼し、そこにマスジド・アルサフラ（岩）が建てられたが、現存しない。

●マスジド・アッタンイームはマスジド・アーイシャとも呼ばれ、六三二年、預言者の妻アーイシャが彼の命により小巡礼することとなり、そのためにマッカから北方一〇キロのタンイームまで出てきて改めて沐浴・禁忌したところである。現在は立派に再建されている。

イ 生誕地

●預言者ムハンマド生誕の地とされるところが、サファーのスーク・アルライイリと言われる地点にある。しかし今は名前だけは「マッカ市図書館」という名に様変わりしている。そして聖所化を防ぐためその外には、そこを訪れることは預言者自身が戒めた、という説明が張ってある。

●マッカ市内のアッザカーク地区に、預言者の娘ファーティマの生誕地がある。

●六〇八年、第四代正統ハリーファのアリーが生まれたが、その生誕地は預言者ムハンマドの生誕地近くにある。

●第二代正統ハリーファのウマルの生誕地は、マッカの西側アンヌービーと言われる地点にある。

ウ　住　居

●預言者の妻ハディージャの住まいが、マッカ市内アッザカーク地区にあった。右に触れたファーティマの生誕地も、この住まいの中の一室であった。預言者ムハンマドにさまざまな啓示が降りたところで、アルマディーナへ聖遷するまで住んでいた。

●第一代正統ハリーファのアブー・バクルの住まいが、同上の市内アッザカーク地区にあった。預言者がヒラー洞窟で啓示を受けてはマッカに戻って来ていた時代の、預言者の家ともなったところであった。玄関口で預言者に挨拶したということで有名な石が置かれていた。またこの家で、第二代正統ハリーファのウマルがイスラームに入信した。

●ダール・アルアルカムと呼ばれるものが、サファーの地点にあったが、聖マスジド拡張のため取り壊された。また後代、アッバース朝の二代にわたるハリーファ（ムーサー・アルハーディーとハールーン・アッラシード）の母であったハイズラーン（竹の意味）の家、という通称でも呼ばれていた。イスラーム初の礼拝呼びかけ人（ムアッズィン）であった、ビラールの住まいはこの家の一角にあったそうである。

エ　山

このあたりの山は普通アラビア語でジャバルと言われる。それは荒涼とした岩山であり、日本のような緑の山や丘（タッル）ではない。ちなみに今日アラファートは、丘（ハドゥバ）、高原（ムルタファアート）、あるいは平原（サフル）と呼ばれる。

●マッカのすぐ東側にあるアブー・クバイス山は、この世で初めて創られた山だと言われる。そこにはアーダム、ハウワー、息子のシャイスの墓があるとも言われる（アーダムの墓は、ミナーのマスジド・アルハイフや聖マスジドの中のハティームにあるとも言われ、またハウワーの墓とされる長い墓はジェッダ市内にもある）。クルアーンに「時は近づき、月は微塵に裂けた。」（月章五四・一）とされるのも、このアブー・クバイス山の上であったという（ただしミナーだという説もある）。また黒石は洪水の間はアブー・クバイス山に安置されていたが、預言者イブラーヒームがカアバ聖殿を建てるときに天使が来て、カアバ聖殿のところまで運んでくれたとも伝えられる。

●ハンダマ山は、アブー・クバイス山のすぐ後背にあるが、七〇名の歴代預言者たちが埋葬されていると言われている。

●マッカから北東約六キロのところにそそり立つ岩山がヒラー山である。その頂上の南西側にあるヒラーの洞窟は、預言者ムハンマドに最初の啓示が降ろされたところである。だから通称は、光の山（ジャバル・アンヌール）と言われている。巡礼者たちが競って訪れるが、本来神聖視されるべきものではないという断りが山の入り口に書かれている。この洞窟の入り口は極端に狭くなっているが、それを通してカアバ聖殿全体が見て取れる好位置にあるのに感心させられる。そこで六〇〇の翼をもつ天使のジブリールが二回、預言者ムハンマドに「創造されたアッラーの名において読め」と言いつつ彼を抱きしめたという。啓示の降ろされていた頃一カ月間、預言者ムハンマドはヒラー洞窟に滞留し、その期間中、登攀するには大変危険な道のりであるが、妻のハディージャが食料を届けたとされる。

●マッカ南方約三キロの地点にあるのがサウル山である。ここは預言者が教友アブー・バクルと共に、六二二年、アルマディーナへ向けて聖遷（ヒジュラ）する際、クライシュ族の追っ手をはぐらかすため潜んだサウルの洞窟があるところである。その洞窟では、蜘蛛が巣を作り鳩が卵を産み落として、人が近づいたはずはないと思わせて、敵の目をくらませたという伝えが残っている。アルマディーナのある北へ向かわずに、いったんは南へ行ったというところも秘策なのであるが、サウル山では歴代の預言者七〇名が迫害を逃れて身を潜めたという歴史もあるそうだ。

オ　墓

●マッカ北の市街地には、アルムアッラーという名前の墓場が広がる。イスラーム以前からマッカ市民の墓場として使われ、多くのイスラーム指導者たちも葬られてきた。多神教徒たちの遺体を掘り返して他の場所に移し、ムスリムと区別した人もいたとの話もある。しかしほとんどは崩壊して土漠に返り、どれが誰のものかは判明しないのが大半である。

●マッカ郊外の周辺には、この他、アルウルヤー、アルムハージルーン、アッシャビーカといった名称の墓地が知られている。またマッル谷には、信者の母と称される預言者の妻ハディージャの墓もあったとされている。

以上のほかに、マッカにはいわゆる旧跡として挙げられるものに、学校の他、土地柄を反映して井戸、泉（とくに規模の大きいズバイダの泉はアッバース朝時代に敷設された配水施設で、アラファからムズダリファを通ってマッカまで達する、巡礼者用のもの）、水飲み場（サビール）などがある。さらには、正統ハリーファが使用したクルアーンであるとか文献資料（在マッカの二聖地図書館はヒジュラ暦一六〇〇年創設、現在は約六〇〇〇件の写本など歴史上の指導者たちの書簡なども含まれる）を考えると、町全体が宝庫である姿が浮かんでくる。文字どおり、世界的文化遺産の集積である。大学としては、有名なウンム・アルクラー大学が右図書館の近くにある。

2 アルマディーナと帰国

巡礼の際にアルマディーナに立ち寄るのは恒例になっている。ただし、アルマディーナ訪問は義務ではなく慣行（スンナ）だということと、またそれは巡礼のときだけではなく、いつであれ従うべき慣行だということを、まず確認しておきたい。

（1） アルマディーナの功徳

預言者ムハンマドの言葉として、次のように伝えられている。

そこでの礼拝は、他の場所よりも一〇〇〇倍も価値があると預言者伝承は言う。

「聖マスジド（マッカ）でのものを除いて、この私のマスジドでの礼拝は他で行う礼拝よりも一〇〇〇倍以上価値がある。」（ムスリム、イブン・マージャ、アンナサーイーなどの伝承集）

なおエルサレムでの礼拝は、普通のところの礼拝より五〇〇倍以上良いとされている。ただし伝承によっては、この比率はエルサレムが一〇〇〇倍、アルマディーナは一万倍、マッカは一〇万倍、というのもある。

「次の三つのマスジドへ、努めて訪れるようにしなさい。聖マスジド、この私のマスジド、

それからマスジド・アルアクサー（注：在エルサレム）。」（アルブハーリー、ムスリム、アブー・ダーウード伝）

「アルマディーナへ寄せられる信仰は、蛇がその穴倉に入り込むようなものだ。」(1)（アルブハーリー伝）

「私は最後の預言者だが、私のマスジドは預言者たちの最後のマスジドであり、どんどん参拝者たちが来てくれるのが善い。」（ムスリム伝）

このように、アルマディーナ訪問の重要性が強調されているが、その功徳についても少なくないとされるのは当然であろう。アルマディーナで他界すると、復活の日に預言者自身のアッラーへの執り成しがあるという伝承も残っている。そこで、第二代正統ハリーファのウマルは言った。

「アッラーよ、私はあなたに侍っております。あなたの道に従った証に、わたしに糧を与えよ。そしてあなたの使徒――彼に祝福と平安を――の聖域で昇天できるようにしたまえ。」（アルブハーリー伝）

以上のように、預言者自身の言葉でアルマディーナ訪問の誘いがあり、それに応じたら大変な功徳があるのだから、それだけで十分な訪問の動機になると言える。しかしそれだけではないというのが本当であろう。というのは、預言者という一人の偉大な人物を慕うという強い気持ちがあることを特記しておきたい。預言者ムハンマドの高潔な人格、豊かな人間性、冷静沈着な性格、魅力的な資質などについての説明は昔からたくさんあるが、一言で言うとムハンマドはおよそ考えられる完璧で理想的な人格であるということが強調されてきた。信者としては、自らの至らなさを振り返り、それだけ十全な人格を慕うという気持ちの働きが、人をしてアルマディーナ訪問へ誘っていると考えられる。

(2) 預言者マスジド訪問の諸作法

ア マスジドへは洗浄をしてから、ジブリール門から入るのがよいと言われる。静粛にかつ敬虔な気持ちをもって、堂内に右足から入る。その際の祈り（ドゥアー）は短くないが、一般にマスジドの建物に入るときの常套句は、イフタフ・リー・アブワーバ・ラハマティク（あなたのお慈悲の扉を私に開きたまえ）である。祈りはアッラーに対するものであるから、方向は南側のキブラの方向に向かう。

イ 次はできればまっすぐに、礼拝方向の窪み（ミフラーブ）と説教壇（ミンバル）の間の「清浄な楽園」（アッラウダ・アルムタッハラ）と呼ばれるところへ進んで、ミフラーブの方向へ向かって二回（ラクアターニ）の礼拝をする。この場所はマスジドの南側にあるが、そこはもともと預言者の家の戸口からその隣にあった原初の礼拝所の説教壇に至る場所であったということから、このような特別の名前が生まれてきたのである。なおここでの最初の礼拝の意味は通常どおりで、マスジドへ入堂する際の挨拶という意味合いである。

ウ　それから預言者の墓に詣でる。これを墓参り（ズィヤーラ）ではなく、対面（ムワージャハ）と呼んでいる。墓参りはアッラー以外を崇める恐れがあり、イスラームでは疎んぜられる。預言者に平安を祈願し、その高徳を偲ぶ、ムワージャハの際に静かに捧げる言葉の一つは次のとおりである。

「アッラーの使徒、アッラーの預言者、あなたに平安を。アッラーの最善の被造者、アッラーが創られた最善のもの、あなたに平安を。アッラーの愛される、そして預言者たちの主人、あなたに平安を。万世の主アッラーの使徒であるあなたに平安を。稀有な指導者であるあなたに平安を。私は証言します、アッラー以外に神はなく、あなたがその僕、その使徒、その全幅の信頼を置かれた方であり、最善の被造者であると。そして証言します、あなたはその使命を果たされ、委ねられたことを成し遂げ、共同体に助言をし、アッラーのために本当に健闘されたことを。」

少し長いが、預言者に対するムスリムの思いがいかにこもっているかを赤裸々に伝えるには、逆にこれが最短でもあるかと思う。なお説教壇の下の段に手を置くことは預言者自身が説教のときに取った姿勢だとして、参拝者によって好んで行われるところである。なお手短な預言者への挨拶としては、アッサラーム・アライカ・ヤー・ラスーラッラー（アッラーの御使いよ、あなたに平安がありますように）。

エ　ついでその右隣にある、第一代と第二代の正統ハリーファの墓に詣でる。預言者の肩の位置にアブー・バクルの頭が、アブー・バクルの肩の位置にウマルの頭がくる位置関係になっているそうである。二人に平安とアッラーのご加護を祈念するための、長い言葉が用意されている。初めの部分を少々見てみよう。

「アッラーの使徒の二人の大臣に、そして生涯を通して教えの実践を助けたこの二人に、平安あれ。彼ら二人は預言者について共同体の中で教えを実践し、預言者の跡を継いで、その慣行（スンナ）に則っており、教えについての預言者の二人の大臣に、アッラーの最善のご加護がありますように。……」といった具合である。これでやっと全体の四分の一くらいである。

オ　それから自分自身、家族、兄弟、それと全ムスリムのために祈りを捧げて退堂する。退堂するときは、左足から出て、再びここを訪れることができるように祈り、さらに帰国の旅の安全を祈る。

カ　なお、お墓をなでたり接吻や頬擦りしたり、回礼しながら誓願などすることは、預言者自身が禁止したところである。伝承に言う。

「あなた方の家を墓にするな。また私の墓を祭り事にするな。そうではなくて、私のために

祈ってくれれば、あなた方がどこにいようとも、その祈りは必ず私に届くであろう。」(アブー・ダーウード伝)

このようにどこにいてもその祈りは届くので、女性は一般に以上の墓に詣でることはない。

(3) アルマディーナ旧跡巡り

預言者がマッカから聖遷(ヒジュラ)してアルマディーナに到着したのは、西暦六二二年九月二十日であった(ヒジュラ暦元年ラビーウ・アルアウワル月二月八日月曜日)。[2]

アルマディーナはアラビア語では、町や都市という意味であることは周知であろう。しかし、歴史的に集落としての起源ははっきりしていない。中世の地理学者ヤークート(一二二九年没)の有名な『諸国集成』(ムウジャム・アルブルダーン)では、アラビア半島を闊歩していたアマーリーク族の子孫がそこを開いたとされ、アマーリーク族は預言者ヌーフより三世代目アルファハシャッドに始まるとされる。その後、ユダヤ人(といってもアラビア半島にいた部族で、エジプトを逃れてパレスチナに逃げた一団ではない)が支配し、ついでイエメンの二つの相争う部族──アウスとハズラジ──が取って代わった。したがって預言者ムハンマドの聖遷の後、これらユダヤ人や二部族らとの間で協調関係の確保が大きな課題となったのであった。

またアルマディーナの名称は、古くはヤスリブであったことも広く知られているかと思う。

二世紀のギリシアの地理学者プトレマイオスの地誌にも、ヤスリッパとして出てくる。それはエジプト語のオースリピースからきていると言われるが、いずれにしてもアラビア語としては、ヤスリブは腐敗、非難や混沌の意味（語根はサルブ）も持っている。そこで預言者ムハンマドはヤスリブに代えて新しい名称をつけようとして、その街は薫り高く快適な街、アッタイバ、という別名も考えていたそうである。ヒジュラ以前であるが、六二一年、第二次アカバ盟約でヤスリブから新規の信徒団の支持を得た際に、その前年の第一次誓約ではヤスリブとしていたのを、以降マディーナ・アンナビー（預言者の街、略してアルマディーナ）に改めた。(3)

アルマディーナには、マッカに劣らず旧跡が多数あるのは言うに及ばない。

ア　マスジド

アルマディーナ南西五キロにあるマスジド・クバーに参拝するのが善いとされている。クバー地区にあるこのマスジドは六二二年、預言者がヒジュラした際に、アルマディーナ近くに到着後初めて礼拝をした場所に建てられたものである。イスラーム初のマスジドであるとされるが、現在はファハド前国王の命により、現代建築になった。

少しこれの北側にはマスジド・アルジュムアがあるが、ここで預言者はアルマディーナでの金曜日礼拝として初めての礼拝をした。

右のマスジド・クバーの地点で数日過ごしてから預言者は市内に入ったが、どこに居を定めまた最初のマスジドを建てるべきか教友の間に議論があるのを見て、自分のラクダが最初に足を止めたところを選ぶこととし、それが現在の預言者マスジドの場所になったと言われている。またこの話は預言者ムハンマドの知恵を示す一例ともなる。

なお預言者マスジドはイスラーム初の本格的なマスジドで、ジャーミウ（金曜日の大規模礼拝が可能）として初めてのものだとされる。またマッカと同様に、この預言者マスジドにはイスラームの宝庫のような図書館がある。ただしこの図書館はマッカのようにマスジド構内から市内に出されたのと異なり、いまだ構内に存続している。十九世紀半ばに火災で炎上したが、その後再建されて、現在も約五〇〇〇件の写本をはじめ多数の図書を誇っている。とくに預言者伝承のオリジナルが大きな目玉になっている。なお火災で炎上後も多数の蔵書を誇れるのは、その後イスラーム各地からの寄贈がつづいたからだそうである。

ついでは、マスジド・アルキブラタインである。これは名前のとおり、二つのキブラを持ち、一つはエルサレム、もう一つはマッカの方向である。ヒジュラ（聖遷）から一年四カ月後、そのマスジドで礼拝している時、預言者ムハンマドに啓示が降りて、マッカに方向が改まった。ただし暫くの間は、両方のキブラが使われた時期もあったそうである。アルマディーナの西側にあり、今はすっかり瀟洒な現代建築になっている。

市の西北、塹壕の戦いで知られる地点に、七つのマスジドと称されるのがある。預言者マスジド以外に六つあるということである。マスジド・アルファトフ（勝利）と呼ばれるマスジドは、預言者にクルアーン第四八章「勝利の章」が啓示された場所である。この他は、マスジド・アビー・バクル、マスジド・ウマル・ブン・アルハッターブ、マスジド・アリー・ブン・アビー・ターリブ、マスジド・ファーティマ、マスジド・サルマーン・アルファーリスィーである。

さらにこの他、アルマディーナには建て直されてはいても歴史的な由緒があるところとして、約三〇のマスジドが現在もある。(4)

イ　井　戸

クバー地区には、預言者が洗浄や水飲み場としてよく使った井戸で、アリースといわれる井戸があるが、そこも訪れて預言者を偲ぶことはよく行われる。なおアリースの井戸の近くには、預言者の娘ファーティマ、正統ハリーファのアブー・バクルやウマルの家があった。

ウ　古 戦 場

マッカ軍と預言者ムハンマドは幾度かの戦闘をアルマディーナ近郊において遂行しなければならなかった。六二四年のバドルの戦いは、せいぜい二、三時間の戦闘だったが、ムスリム側の指揮の高揚は多大なものとして有名である。六二五年、アルマディーナ近郊のウフド山ではアルマディーナ軍が惨敗し、預言者自身負傷した。この古戦場を訪れて祈りを上げる人たちも跡を絶たない。六二七年、さらにマッカ軍の攻撃があったときには、預言者側はアルマディーナ北部に塹壕（ハンダカ）をめぐらせて防衛に成功した。この塹壕の一部は現在も残っている。

エ　墓

アルバキーウと呼ばれる有名な墓地がアルマディーナ東方にあるが、そこには預言者の妻たち、娘のファーティマや子供たちが埋葬された。その他、第三代正統ハリーファのオスマーンの墓など、約一万名と言われるほど多数の先達の墓がある。保存度は良くなく大半は誰のものか不明だが、主として言い伝えにより多数の名前が残されている。預言者ムハンマド自身も、毎週月曜日と木曜日はこの墓地へ赴き、埋葬された人々をお赦しになるようにアッラーに祈りを捧げたという。なお同墓地に埋葬されることを希望する人が多いので、ファハド前国王により規模が拡大された。またいまだに墓地に向かって紙幣を投げ入れて祈りを上げる人たちが目につくが、それは逸脱（ビドア）である。

（4）帰国へ

巡礼を無事済ませて帰国すれば、その後は一生を通じて、巡礼中の敬虔さを忘れずに信心一途の日々が期待される。時に触れ、折に触れ、巡礼中のさまざまな儀礼と、それらを通して体験した感動と心の軌跡を追いつつ、そしてまた信仰の真実を新たな源泉としての日々である。このような巡礼後の心構えに関する、クルアーンの関連個所を最後にいくつか引用したい。

「あなたがたは聖儀を果たしたならば、アッラーを念じなさい。あなたがたの祖先を念じるように、いやそれよりも深く精魂を打ち込んで念じなさい。人々の中には（祈って）、『主よ、現世でわたしたちに、幸いを賜わりますように。』と言う者がある。だがかれらは来世における分けまえを得られないであろう。」（雌牛章二・二〇〇）

「これらの者には、その行ったことに対して分けまえがあろう。本当にアッラーは精算に迅速である。」（同章二・二〇二）

「かれは（答えて）言った。『アッラーは、唯主を畏れる者だけ、受け入れられる。』」（食卓章五・二七）

注（1）昔カアバ聖殿内に宝物をしまう穴倉があったが、それを守る蛇がいたと伝えられている。この伝承は右の逸話を念頭において、大切なものを守る行為を指している。

（2）アッタイヤール、前掲書、三七四ページ。

（3）西欧のオリエンタリストは、ヤスリブに住み始めたユダヤ人たちが彼らの言葉で、街、メディンタ（Medinta）と呼んだのが語源であると主張している。しかしヒジュラ以前にはヤスリブ以外の名称は記録上全く見当たらず、この主張は誤りだという議論が紹介されている。アッタイヤール、前掲書、三九〇ページ。

（4）預言者ムハンマドがアッラーに尋ねたらその場で回答があった「回答のマスジド」など。ただし同名のマスジド（マスジド・アルイジャーバ）はマッカにもある。アブド・アッラー・アルユーセフ

『栄光のアルマディーナのマスジドと旧跡』ベイルート、一九九六年。

3　日本からの巡礼事始

最後に、日本人による巡礼はどのようであったかを振り返ってみたい。一九〇九年から日本人の巡礼が始まったから、現在ようやく一世紀の歴史が積み重ねられてきたことになる。何人かの人々が、草分けの時代を形成されてきた。その人たちはまた、それぞれ立派な巡礼記を残してこられたので、ここではそれらの巡礼記録を対象にする。それもここでは多岐にわたる巡礼のすべての側面を取り上げるのではなくて、それら先達の情熱と信心の発露としての巡礼、という見地から一本筋を通して振り返ってみたい。そのように視点を定めることとして、いずれの巡礼者（敬称略）についても注目したい事柄は三点ある。つまり、彼らのマッカ聖殿への初見参ぶりはどうだったか、諸儀礼の最頂点としてのアラファートでの留礼をどのように通過したか、そしてそれぞれ他に特筆すべき点としてどのようなものがあったか、という三点である。

（1） 山岡光太郎《みつたろう》（一八八〇－一九五九年）

同人の巡礼は、一九〇九年十二月二十一日－二十三日（ヒジュラ暦一三二七年巡礼月八日－十日）に行われた。経緯としては、当時の日本の対ロシア政策の関係から山岡がイスラーム情報収集に関心をもっていたことと、従来から軍部も接触をもっていたアブデュルレシト・イブラーヒームというタタール人のパン・イスラーム主義者が巡礼する機会を日本側としても活用しようという動きが合流したことにある。インドのボンベイにおいて二カ月ほどイスラームについての特訓を受けて、いざマッカへ、ということになったのであった。このような急場仕込みの良し悪しは、信仰という見地からは取り上げるものはあまりないと思う。準備時間の長短と篤信の程度は、正比例ではないからである。このことはまさしく以下に見るとおり、彼の気構えと巡礼後の生涯が、それを裏づけていると思われる。(1)

ア　カアバ聖殿

大変な道のりの後、やっと果たした山岡の初見参の衝撃はどのようなものだったのであろうか。

「本尊――マッカ大礼拝殿の光景左にものすべし。……

幽界にでも入る如き心地して小巷を進めばき然たる堂壁を暗中に瞻望《せんぼう》すべく、やがて堂門に歩を移せば下足番控え、下足依託者の求めに応じ有料取り扱いをなす、しからざる者は自ら携行して、殿内に歩を進むべし、天未だ明けず数万の灯火は蛍火の明滅するが如く頭影参差《しんし》として堂上に相反映し、遥かに読経しつつ三々五々堂宇を周行するを望めば、誠に百鬼夜行の図にも似たり、……かくして兢々《きょうきょう》同行者に随伴し、読経周行する石殿に到れば、天空豁如《かつじょ》たる大礫庭の中央に、高さ約六間に垂《なんなん》とする立方形の大石殿鎮座しあり、

頂辺より数腕尺の下、金繍を以ってアラビア文字を四辺に縫出せる黒緞子の被覆を……例の法衣を纏える回教徒は案内者に随従し、……一周毎に堂壁上に象嵌しある黒石を頬擦りし、石殿の周囲を七周せしめたるの後、……

更に去って堂門を出で門外の道路の一隅に遺存するサフワ、及びメルワと称する神話的遺跡を往復三回半に及ぶ、ここに初めて神都入府の儀礼を終わり、……法衣を脱し常衣を着し爾後祭儀式典の巡礼開始まで、日々五回参殿祈禱をなす宗規なり。[2]」

「立方形の大石殿鎮座しあり」との一言で、山岡の受けた衝撃が表されている。本書第2部3の初めに見たハイカルの美文調とは異なって、簡潔をもって貴しとする俳句的なタッチと言えるのかもしれない。キスワのことを「黒緞子」と呼び、イフラームを「法衣」と言い、また「マッカ大礼拝殿」、さらに「本尊」といった言葉の選択は、ただ明治の時代性という以上に、日本とイスラームとの文化的な出会いを象徴している感がある。別のところであるが、回礼で

七周することを、「御七度《おひちど》を踏む」といった表現も使っている。

そして、「法衣を脱し常衣を着し」と言うことから、山岡の巡礼は堪能（タマットゥウ）方式だということがわかる。

この巡礼記で感銘を受けるのは、山岡が幸いにもマッカ大礼拝殿の「内裏」に入ることができたのであるが、そこには一切神像などがないことを不思議に思い、逗留を許された「碩儒ムラード氏」にそれを直接問い質しつつ、なんとか疑問を解こうと努めている一幕である。真髄の課題に直球を投げている姿勢が、未経験ながら真摯なムスリムとしての山岡の原点だったのであろう。

イ　アラファート丘の留礼（ウクーフ）

ミナーからアラファートへの集団移動の天地を揺るがせる規模に山岡は度肝を抜かれたが、ようやく目的地に到着した。アラファートではまず、留礼の大集合が他宗教の祭りとは異なることに感銘を受ける一方、日射病のためにテントから傍観するに止まってしまい、彼は悔しさをぶつけるしかなかった。

「やがて近く瞻望すれば、数万の教徒塔下（著者注：ラフマ山の白塔）に蟻集し、天を仰ぎ白布を打振り、ラベーキ、ヤ、アルラア（天の神）（著者注：アッラーよ、御前に参上しました）と叫喚し、歓声天地を震撼するかと疑わしむ、……然れどもアラハットにおける儀式は、メルシイ山（注：ラフマ山）頂白塔の下、天を仰ぎ『ラベイキ、ヤ、アルラア』を絶叫するのみにして、他に何等宗教上の儀式執行せられず、何処までも回教儀式の単調無味なるを発揮する所、又之れ他宗教の徒《いたずら》にお祭り騒ぎと選を異にし、彼れ宗教の特色ともいうべき乎、」

ここで気がつくのは、アラファート丘での体験を通じて、留礼（ウクーフ）という言葉が出てこないことである。だから章のタイトルが「アラハット山巡拝」となっている。しかし自分が日本人としては初めてだ、という意識は強くあり、この儀礼の巡礼全体における中心的な意義は問題なく了解されていると見て間違いないであろう。

ウ　アルマディーナ訪問と帰国後

マッカを去るにあたっては、「誰か悲愁に胸潰《つい》えざらん」としつつ、向かった先はアルマディーナであった。その行程四百数十キロといえばほとんど東海道と同じで、山岡も二週間を費やしたから、これまた盛りだくさんな旅路になった。しかしここではその途中の談義を割愛して、いきなりアルマディーナ大礼拝殿（預言者マスジド）到着とする。

そこではマッカ同様に、信者の熱狂的な信奉ぶりに目を見開いている。また中に入り、預言者の墓に参る人たちを見ては、次のような感想も漏らしている。

「各教徒は旅装を解く間もあらせず、我先にと大礼拝殿に参詣し、叩頭祈拝只管《ひたすら》アルラアの神護を感謝し、且つ祈禱する熱誠に至りては、天地神明も奈何《いかで》感応まさざるべきや、何時もながら感ずべきは、教徒の熱烈なる信仰にぞありける、」

「馬合黙（マホメット）……漠南原頭の匹夫に身を起こし、千載の下三億蒼生渇仰の中心となり、帝王もなおかつ及ばざる崇敬を蒐むる、馬氏の霊亦余栄ありというべきなり。」(3)

山岡は巡礼後トルコなどを訪問し、半年後に帰国した。そして二年後にはその巡礼記を出版したわけだが、その間中国ではいわゆる大陸浪人としても活躍した。それからこんどは一気に回教徒に対する信念はいっそうの堅固を加えたとして、モロッコ、アルジェリア、チュニジアを歴訪し、さらにヨーロッパ経由で中南米へ渡り、それらの国々の「回教徒の現状を実査」するため、九年間（大正元年―九年）の旅をつづけた。その結果はさまざまな出版物に結実したが、このような山岡の逞しい行動力と宗教に関する知的生産力は、今日の日本では真に稀有な部類に属するであろう。巡礼に端を発して世界遍歴を果たしたという意味では、全く日本のイブン・バットゥータのような活躍ぶりで、これだけでも本当に注目すべきである。

「山岡氏はマッカに入るために、ボンベイで便宜的にムスリムとなったが、大祭に参列してからは熱心な真の信者となり、八十年の生涯を終えるまで変わらなかった。」と前嶋信次氏は書いている。(4) 山岡の記述の中ではしきりに、崇敬の念をもち、神に感謝している信者の姿が、感慨深げに描かれていることに注意が惹かれる。このような心の動きにこそ、彼の宗教的霊性が覚醒する契機が秘められていたようにも思われてくる。

(2) 田中逸平(一八八二—一九三四年)

一九二四年、中国山東省の清真南寺で田中はムスリムとなり、同年および一九三四年の二回にわたり巡礼を果たした。そして以前より患っていた胃癌のため、第二回の巡礼より帰国後四カ月で他界したが、葬儀は東京青山斎場で数千名の集まる盛大なもので、それが日本のイスラーム式葬儀としては初めてのものとなった。彼の巡礼記は、中国人ムスリムと一緒に行った第一回の巡礼から帰国して半年後、一九二五年に出された。(5)

それによると、「余の回教入教は決して一時の道楽でも気まぐれでもない。また政策でも研究でもない、之を語れば因縁は長い。」とある。田中は幼少の頃より神道の修法を受け、またキリスト教を学び、他方生家の宗門は臨済宗、一九〇二年、北京に移ってからは、道教、儒教にも注意を払っていたという。このような生い立ちと環境の中で、北京では極めて不快な歳月を過ごしていたが、ある日、「回教寺院に遊んだことが、当時の予に一種の慰安と親しみとを齎した。」そして爾来、「予の心の底には常にモハメッドに現われたる神感を離れなかった。」そこでついに北京在住の西域人ムスリムの下で、入教する運びになったということである。(6)

信仰を模索することは信仰の一部である、という預言者伝承を想起させるような、以上の田中の心の軌跡を踏まえつつ、彼は巡礼に旅立ったのであった。

その巡礼記の序文で書いている。

「イスレアムとは独一無二の神に対する絶対帰依の義だ。巡礼とは一切の私を捨てて、神に一歩一歩近寄る道行《みちゆき》だ。(7)」

ア　カアバ聖殿

「天方（アラビア）名は克而白（カルべ、注：カアバのこと）。蓋し造物之を設け、以って万方の朝向と作す者なり。その地は天方の墨克国（マッカ）にあり。」

「吾等は只身に上下二条の白布を着けたのみで、禁庭の西南隅門を入って、天房（注：カアバ）の東南隅、有名なる玄石の龕《がん》してあるところを起点として、朝観のお経を読みながら、あるいは疾走し、あるいは緩行し天房の周囲を七匝《そう》する。一匝毎に玄石の前に立ち止まり、真主（アルラ）を讃念する。古聖イブラーヒームが、カルべを修せし時に践《ふみ》しと云う石の付近にて、又讃念する。更に退いて巡礼の業の全たからんことを、禱りて礼拝し、カルべ単朝の礼を了り、傍らの神泉滲々《サムサム》水を飲み、蘇生の思いを為す。」

「而して余も大熱に冒されて苦しんだ。日本男子は道路に死なず。纏頭《てんとう》の白布を身体に巻きて水を注ぎ、韮《にんにく》を以って唯一の薬石として辛棒した。明日はミナ、アルファテ山に行かねばならぬ。是れ天命として巡礼者必行の道業。」

こうしていいよ留礼に向かう。

イ　アラファート丘の留礼（ウクーフ）

「涼しい間に案内者に引率され、旗を立てながら、アルファテ山麓のアーダムの墓だの幾多古聖の遺跡を巡遊した。雑踏と暑さとに、此巡遊とても一通りの苦痛ではない。高地から渓谷を望む時は、是れ亦一大偉観だ。天幕の都、駝轎の町、ラクダの村が、広い砂原一面である。茲で又一日を熱と戦わねばならぬ。……

（ムズダリファの高原に戻って）天房に対しての五回の礼拝は何れの地にありても厳修の業、一々大砲信号にて皆同時に王と与に誠敬の意を、真主（アルラ）に献げているのである。」(8)

とくに田中の場合は、太陽暦の七月に実施したので、暑さは山岡が十二月に行ったときよりもいっそう刺すような酷暑であったことは想像に難くない。

ウ　全　貌

田中は画を嗜み、歌も歌った。いくつか選んでみた。

いざさらば白衣纏て月の夜にラクダに乗りてマッカに向かわん

ラクダ喂《か》う子供を観つつ聖人の幼さ顔など偲び見るかも

心灯滅却亦冷と念じつつ懸座に熱と戦いにけり

さりながらマッカの熱はいさぎよし熱時熱投の好道場也

彼はさまざまな宗教との接触、交流にも本格的に力を入れた。万教帰一、あるいは万教同根と言い、現在で言えば、宗教多元主義に近いものかと思われる考えに立っていたそうである。[9]自ら宇宙の根源と合一した状態を、いわば悟りとして目指して、そのあるべき状態は、どの宗教でも共通しているという考えをもっていた。ムスリムとしての立場とどのように調和させるのかなど興味は尽きないが、本書の当面の課題を遥かに越える内容である。

(3) 鈴木剛ほか

その後、第二次世界大戦前には、三回目の巡礼が行われたようである。その時期、参加者と、それぞれの巡礼記録発行の関係は以下のようにまとめられる。[10]

●一九三五年(昭和十年)三月実施、十月帰国。
鈴木剛、細川将、郡正三、山本太郎の四名。
鈴木剛、細川将『日本回教徒のマッカ巡礼記』大日社、一九三八年。

●一九三七年(昭和十二年)二月実施、四月帰国。
鈴木剛、細川将、榎本桃太郎の三名。

鈴木剛、細川将、榎本桃太郎「マッカ大祭記」一九三七年八月発行『回教世界と日本』(若林半編)所収。

●一九三八年(昭和十三年)二月。

鈴木剛、満州国人と同行。

鈴木剛『マッカ巡礼記』地平社、一九四三年。なお一九九九年、これのアラビア語訳本も『マッカにおける日本人—鈴木剛』としてリヤードから出された。

参加者の構成は変わっているが、鈴木（東京イスラム教教団長であったが戦没）は一貫して参加しているので、この三回の巡礼記録をまとめて一緒にレヴューしたい。

ア　カアバ聖殿

鈴木が第一回目の巡礼の時、カアバ聖殿初見参から受けた衝撃は次のとおりである。なんとも簡潔な表現である。

「カーバに初の参拝」として、「一歩ハレム（注：聖地ハラム）に足を入るると、一種いい知れぬ霊感に打たれた。書物を通じて想像していたハレム、先輩諸先生から話に聞いていたハレム——そのハレムが今眼前にあり身はハレムに近づいているのである。私共は唯森厳の気に打たれた。[11]」

二年後の第二回目の巡礼は、犠牲祭に主眼を置き、カアバ聖殿参拝についてはほとんど記述がないので、次へ進む。ところが三年後第三回目の巡礼の際には、その表現はずいぶん豊かになっており、以下のとおりである。

「恐らくこうした時間も五分とはたたなかったであろう。急に私たちはハレム（聖殿）の大広場に眼を奪われてしまった。此処ぞ三億数千万教徒の渇仰の的、イスラムの聖域総本山で、その中心にあるカーバ殿こそ神の家なりとして教徒の崇敬の的なのである。」(12)

「十万の教徒がカーバを中心にして、規則正しく坐し、その静かなこと咳一つ聞こえず、厳粛な雰囲気におのずと心身のあらたまる感がする。その荘厳、この厳粛、とても筆紙には尽くし得ない。」

イ　アラファート丘の留礼（ウクーフ）

この巡礼最大の儀礼についても、当然筆に力が入ってくる。第一回目の巡礼記から始める。

「（アルファテ）山の高さは百呎位の丘陵だが一木一草もない。山全体は白衣の巡礼で蔽われ、丁度白蟻が餌にたかって居るようだ。その白い波の間に婦人の黒い巡礼衣が点々として動いているのは、白蟻の中に黒蟻が混じって居るようだ。」

「大祭と言うのは艱行苦業のことである。この艱行苦業が回教の精神的と肉体的の修養である。禅宗の坐禅や托鉢などの苦行の比ではあるまい。アラビアに生まれた回教としては是れ位の艱行苦業は、人生の行路の上に当然必要であったであろう。」(13)

第二回目の巡礼記録には、周囲の人の様子が次のように描かれている。

「巡礼の感激と興奮はアルファテの山より高く昂騰し、泣号するもの、啜り泣くもの、歓声を揚ぐるもの、婦人の頬は紅潮し、……涙はヴェールを潤すなど、信仰的熱狂の度は正に極度の高潮に達し、身の炎熱下にあるも忘れ、二十万の巡礼は唯無我の境に酔い、無我の感激に浸って行くのである。遥かに山上を見上ぐると、六腕尺豊かのサウド王は白駱駝の鞍上に巨人の像の如く泰然自若、身動き一つせず厳として巌の如く、熱心垂訓に聴入る状は、流石に半島統一の王たる威厳備わり、聖都の守護職たる貫禄を現わして居る。」(14)

最後の第三回目の巡礼については、「二十万人感激の大祭」というタイトルの章にアラファート丘留礼の長い記録があるが、以下はその抜粋である。

「イスラム巡礼者のすべての信仰は、たとえ灼けただれる程の暑さの中にあっても、信仰の熱度から云えば比較にならない筈である。巡礼者をして云わしむれば歓喜の絶頂の爆発が狂人たらしめるのだ。私達の天幕からも、一人の狂人が出た。」

「巡礼者として、この日この瞬間に参列出来なければ、全く巡礼としての意味を成さないし、ハッジとして、故郷に錦を飾る事も出来ないのである。教徒として一生に一度の願望――巡礼も、ただにこの一日のためにあると謂うべく、老も若きも、すべて皆感涙にむせんでいる。この垂訓聴聞の三時間半の間に、更に倒るる者幾人、幾百人。この炎天下に頰笑みつつ永遠の眠りにつく者幾千人、現代の科学人に、どうしてこの光景が信ぜられようか。実に解くことの出来ない、深く厚い信仰の世界なのである。」

ことここに至って、留礼、あるいは巡礼全体の窮みに達しているとの印象を強くさせせられる。

第一回目の際には、「禅宗の坐禅や托鉢などの苦行の比ではあるまい」と高を括ったような調子で語っていたのが、第三回目の最後には迫り来る死の恐怖と闘うことが前面に出てくる羽目になった。

ウ　国王謁見など

鈴木らは巡礼月十三日、ミナーでサウジアラビア国王が外国人などの賓客に謁見する機会に、ちょうどうまく入れてもらうことができた。彼自身は、したがって三回もお目通りを許されたということになる。握手をして、半時間も光栄に浴した、と記録にはあるが、どのような会話が行われたのであろうか。また三回の巡礼のいずれにおいてもアルマディーナ訪問はしていない。だからマッカの後、アルマディーナ訪問をしたのは、山岡だけということになる。他は全員船でジェッダから入って出て行ったから、マッカからすぐにジェッダに向かうことになったのである。

一九〇九年から一九三八年というたった三〇年ほどの間だが、巡礼事情はかなり変貌したということになる。そしてそれはその後、航空機の発達と普及により、さらに拍車が掛かった。ただ最初から最後まで、巡礼、とくにその頂点たる儀礼をめぐる精神的高揚は、永劫なるものがあったようである。以上、日本人巡礼者の歴史は一〇〇年だからまだ浅いにしても、なかなか本質に迫る、誇れる内容の足跡を残してきたと言えるのではないだろうか。

注

(1) 山岡光太郎については、前嶋信次編『マッカ』芙蓉書房、一九七五年、七九－八四ページ。坂本勉、前掲書、一八一－一九四ページ。

(2) 山岡光太郎『世界の神秘境　アラビア縦断記』東亜堂書房、一九一二年（復刻版、青史社、一九八八年。全二五三ページ）、九二－九四ページ「マッカ大礼拝殿」。引用上、漢字を部分的に平がなに改め、随所注を付した。

(3) 同掲書、二二九ページ、二三一ページ「アルマディーナ大礼拝殿」。

(4) 前嶋、前掲書、八一ページ。

(5) 田中逸平の著述はすべて復刻された。『田中逸平』全五巻、拓殖大学創立百年記念出版、二〇〇二年。

(6) 田中逸平『白雲遊記』同上拓殖大学創立百周年記念出版第一巻所収。および、歴下書院、一九二四年（復刻版、論創社、二〇〇四年。全二七二ページ）、六二－八〇ページ。

(7) 同掲書、二〇ページ。

(8) 同掲書、二〇五－二〇九ページ「ミナ、アルファテの道業」。

(9) 同掲書、二八三－三一二ページ所収、坪内隆彦「田中逸平―万教帰一の生涯」。

(10) 以下三部の巡礼記は、前嶋、前掲書、一九七－三三六ページに所収のものを使用。ページ数はそこでの掲載個所。

(11) 鈴木剛、細川将『日本回教徒のマッカ巡礼記』大日社、一九三八年、二四〇－二四一ページ。

(12) 鈴木剛『マッカ巡礼記』地平社、一九四三年、二九三ページ。

(13) 鈴木、細川、前掲書、二五四－二五五ページ。

(14) 鈴木剛、細川将、榎本桃太郎「マッカ大祭記」一九三七年八月発行『回教世界と日本』（若林半編）所収、二〇三ページ。

4　今日の巡礼

（1）現状寸描

まずはファハド前国王時代を中心に実施された巡礼関係の拡張、改善策を以下にまとめた。それらについては多くの研究や資料が出されている。アラビア語で標準的なものは、ムハンマド・ブン・サーリム・ブン・シャディード・アルアウフィー『聖マスジドの発展と拡張』リヤード、一九九八年がある。また簡潔には、サウジアラビア王国文化・情報省発行『サウジアラビア王国』二〇〇四年がある。とくにマッカ、アルマディーナの二大マスジドの拡張はいずれも倍増の規模で、これは歴史的にも最大規模のものであった。

なおサウジアラビア政府には、巡礼省のほか、二大聖地庁（リアーサト・アルハラマイン・アッシャリーファイン）という聖地を維持管理する担当部局がある。中央政府レベルとしてのこれら二省庁と、現地サイドの地方行政府が協力して巡礼対策を実施している。また多数のイスラーム関係諸大学、諸機関、企業、個人篤志家や諸外国の官民が協力して、人材派遣、物資・資金協力にあたっている。巡礼は今や類まれな大規模、かつ非常に実り多い国際協力の事例になっていると言うべきであろう。

ア　第五代ファハド前国王時代（在位一九八二―二〇〇五年）

●ファハド前国王は、一九八六年に国王の称号を「陛下」ではなく、「二大聖地（あるいはマスジド）の守護者（ハーディム・アルハラマイン・アッシャリーファイン）」と改めていたが、これは聖地への献身と巡礼者への奉仕を願う同国王の真情を反映したものであった。そしてこの称号は二〇〇五年八月、アブド・アッラー現国王にも引き継がれた。

●一九八〇年代央より十年余りの間に、二聖マスジドの拡張と改築、周辺地区開発、巡礼道路、トンネル、平地化、橋、倉庫、ミナーの新屠畜場（五〇万頭のラクダ、牛、羊、山羊が屠られる）などの建設に要した総費用は、約一八七億ドルとされる（ちなみにサウジアラビアの二〇〇四年度歳入額は、概算五三四億ドル）。

●他方、巡礼招待プログラムも多くあり、ファハド国王は年間一三〇〇名を招待、その他巡礼省などサウジアラビアの政府機関や大学、宗教団体、篤志家なども多数の外国人巡礼者を招待している。わが国からの巡礼者の多くも、これに助けられていることは周知のところである。

●一九八九年、マッカの聖マスジド拡張工事が始められた。これにより建物の総面積は三五・六万平方メートルとなり、礼拝者収容数は七七・三万人で、ほぼ倍増した（実際は大巡礼やラマダーン月は一〇〇万人を超す)。マスジドの建物は地下の上に二階建てとなっているが、屋上はすべて大理石張りになりそこでの礼拝も可能になったので、有効床面積も飛躍的に増加した。また門の数は三〇から五一カ所に、ミナレットは七から九本に増設された。この他、発電、冷房、放送、照明システム、サアイの回廊として二階建て(三階はテラス)の建物が新設された。

●一九八四年、アルマディーナの預言者マスジド拡張工事の礎石が置かれて、大プロジェクトが着手された。これにより建物の屋上も加えた総面積は一六・六万平方メートルとなり、礼拝者収容数は二七万人を超え、ほぼ倍増した(周辺の部分二三・五万平方メートルでも礼拝できるので、一時に収容可能な最大数は一〇〇万人)。また新たに七つの正門、六本のミナレット、二七の電動開閉式ドーム、六八〇〇カ所の洗浄池の整備、四〇〇〇台の自動車を収容する駐車場の中央監視システムなどが施工された。一九九四年には、さらなる拡張プロジェクトの礎石を同国王は据えたが、その全容はまだこれから姿を現すことになるそうである。

●一九八五年には、ファハド国王の命により、クルアーン印刷発行総局がアルマディーナに設けられた。ここではクルアーン、ハディースなどイスラーム関連の印刷、出版に従事して、世界に配布している。またイスラームの普及と教育などのため、世界二一〇余りのイスラミック・センター、一五〇〇を超えるマスジド、二〇〇〇以上の教育機関がサウジアラビアの資金援助を受けている。

イ　さまざまなサービス・改善・開発・慈善事業

イスラームの巡礼という世界でも最大規模の行事が前後約一週間にわたり、しかも転々と数カ所で滞りなく行われるためには、当然日々の需要に応じるさまざまな公的、私的なサービスが充実していなければならない。これには保健衛生、交通、警察・監視、消防、食料、通信、清掃関係など、およそ考えられるあらゆるサービスが入ってくる。とくに警備、治安、運搬関係では六五万人の兵士が当てられるが、これら政府レベルでカバーしきれないものも当然少なくない。ここでは、その幅の広さとそれに対応する人々の種々な貢献の寸描を試みる（断りのないかぎり二〇〇四年基準）。おそらくその詳細な全貌は把握困難だとも思われるし、年々増幅されてもいる。

●マッカ――公衆電話五万六〇〇〇台、郵便箱四一五台が急増される。ザムザムの水を配給管理するザマーズィムはハーシム家の伝統的な責務であるが、今では本家以外も含めて約八五〇家族が当たる。宿泊先は近代的なホテルも含めて六〇〇〇軒以上。多くは旅行会社として会社経営になっているが、ガイド（ムタウウィフ）は二万七〇〇〇人。バスは一万五〇〇〇台（ニューヨーク市の五倍）、清掃人は一万四〇〇〇人以上。病院は通常一四軒のところ、巡礼期間中は九五〇〇人の医療スタッフを増強。巡礼期間中の外来患者は二二万人弱。入院は六四〇〇名、高齢者の死亡は五二六名（二〇〇二年）であった。慈善団体の貢献で特記されるものとして、「アブドル・アジーズ国王慈善機関」は年間を通じてマッカの困窮者に食糧を供給し、「冷たい水のための二聖マスジド守護者機関」はザムザム水のボトル詰め工場を建設し、巡礼期間中は一〇〇〇万ボトルを無料配布している。

●ミナー――大きなテントは四万張り以上で、一テントに約四〇名宿泊。テントには、マット、トイレ、シャワー、電気、またインターネット接続があるものもある。通気管からは冷風（気化熱利用）が出てくる。その全体の監視カメラは五〇〇台に上る。普段は何もないところに、レストランは八五〇軒が出店、近隣諸国からも来る何千人もの従業員で、一日の就業時間は約一八時間。緊急連絡用のヘリコプターは八機、救急車三〇三台。冷水配布用のトラックは三六〇台。剃髪のための免許取得済みの理容師は一三〇〇人、さらに二〇〇〇人のアシスタントを追加。剃髪代は一〇リヤールが公的価格（路上ではその半額）。

●アラファート――それほど大きくないのも含めてテントは四万張り以上。個人寄贈などもあり、日陰を作るために多数植樹。三一〇〇台のスプリンクラーによる冷却用噴霧システムの完備。冷水配布用のトラックは二五〇台配備される。

●これらの巡礼経路上で、何百台ものトラックが並び、荷台から食料の無料配布が行われる。例として慈善団体「マッカ人道主義ストーレッジ」は湧き水六万パック、バターミルク四万五〇〇〇パック、ナツメヤシ三万四〇〇〇パック、一五万人の食事を配布（二〇〇二年）。

●ジェッダ――巡礼のために特別便が約六〇〇〇便到着。入国時の本人確認方法としては、最新の眼球虹彩認識システムも一部に採用された。

（2）二〇〇六年の巡礼

著者は二〇〇六年十二月末の巡礼を果たすことができた。サウジアラビア政府は今回の巡礼の参加者数として、次のとおり公式発表した。全体で二三八万人、そのうち海外から一六五万人、国内からは七二万人となっている。二〇〇五年は全体が二一四万人、うち海外組一七五万人、国内組は五七万人だったから、順当な伸びを示したと言えそうである。しかし二〇〇六年は、アラファの日が金曜日になるという貴重な年だったので、巡礼した人は右よりもはるかに多かったと言われている。砂漠を歩いて来て、チェックを免れた人も少なくなかったようである。その数は一〇〇万人を下らないとも言われている。

ア　平穏無事な進行ぶり

今回の一番の特徴は、目立った事故がほとんどなかったことであろう。とくに二〇〇五年一月十二日、ミナーの石投げ場での圧死事故で三四五名という多くの人が犠牲となったことが教訓となった。さらにはマッカの聖マスジド近くのホテルが崩壊し、やはり多数の犠牲者を出す事故も併発していた。

石投げ場は大中小の三カ所とも、すでに二〇〇メートル間隔の三つの五〇メートルほどの長さの石壁となって、昔ながらの石柱は撤去されている。これほどの長さの壁に対して南北いずれかから石投げするのであるから、多数の人の流れの中で行うこととなり、一点に集中する弊害が避けられるようになった。この石投げ場をさらに一階増加して来年には三階建てになり、そして将来的には五階建てになるそうである。それが完成すれば、ほぼ従来の問題は解消するであろう。

イ　法律指導体制の整備

もう一つ感心させられたのは、儀礼実施上の正確さを確保するための制度がかなりきめ細かく確立していたということである。たとえば「順法指導所（マクタブ・リクティダーゥ・ワ・ルイルシャード）」と呼ばれる法律相談所が随所にあり、いつでも質問に応じてくれるようになっている。またイスラーム法学の専門家が要請に応じて出向いてきてくれ、相談や質問に答えるということも行われていた。著者の加わったグループでは、ミナーの夜の逗留地が実際はムズダリファの中に入っていたので、法的に問題がないか確かめようということになって、そのような専門家の登場を依頼してみた。まだ比較的若い感じの法律家はわれわれのテントまでやって来て質問に対応してくれた。その結果、多数の巡礼者を迎えて苦肉の策としてムズダリファでもミナーに隣接しているところはミナーの延長と見なしうるというイスラーム法律委員会の結論があるので、心配ないとの説明を得た。

また十日、犠牲を行った後に散髪するという順序を確保するための連絡体制も感心させられた。犠牲のための屠畜を自分ですることは、海外参加者にはほとんど考えられない。実際は各自三五〇リヤール（一〇〇ドル弱）を指定のアッラージヒー銀行に支払い、同日、確かにあなたの屠畜は実施されましたという連絡を受ける体制が取られている。多数の犠牲が行われるために、十日の午後何時くらいにその確認の連絡が入るかは、待つしかなく予想は困難である。いずれにしても、われわれのグループでは右連絡があってから心置きなく散髪を行うことができた。さらには、右犠牲による肉（クルバーン）も屠畜場で受け取り、それを自分で料理して食することができるようになっていた。これもスンナに則ることを助けてくれる。

ウ　参加者の動向と「日本派遣団」

次に巡礼参加者についてである。今回はインドネシアからの参加者が二五パーセント増加しているとの非公式な情報が現地で流れていた。この数字はまた後日、訂正される可能性があるとしても、とにかく飛躍的な増加をみていることは間違いない。またトルコ人巡礼者も、大きなグループで動き回っているのが目立った。イラン人巡礼者は小巡礼も含めて、年間約六〇万人に上ると噂されていたのも注目される。

他方、相変わらず日本人巡礼者は、存在感がほとんど感じられなかった。それはサウジアラビア側、あるいは広くはアラブ・イスラーム側の期待感が大きいのと全く対照的である。われわれは熱心なエイジェントの意見もありそのグループを「日本派遣団」と自称して、それを謳った大きな旗や横断幕をいくつも作り、テントやバスに張ったり、また行進の際にはそれを高々と掲げて、ミナー、アラファ、ムズダリファと至るところで人目にも印象づけるようにした。一方、「日本派遣団」の日章旗を見て話しかけてきた日本人は皆無で、むしろ韓国人や著者旧知のインドネシア人などが旗を見て近づいてきてくれて、現地で再会することができた。べつにオリンピックのように国別代表団の規模にこだわることもないが、イスラームの進展ぶりを目に見えるかたちで世界中の参加者に見せられるという意味があると言える。また多くの国々もそのようにしている。

エ　アラファの日に日本語の説教を

ところがこういった活動の甲斐もあってか、また巡礼案内人（ムタウウィフ）の好意もあって、アラファの日の昼過ぎに行われる説教を、日本語でもしてはどうかということになった。これはおそらく初めてのことかと思われ、著者にとっては大変身に余る名誉なことであると同時に、日本の巡礼参加の歴史上にも一つの記念碑を立てることができるのではないかと、身の引き締まる思いであった。アラファのマスジド・ナミラで行われる主要な説教がラジオで流されるのが終わると、それにつづいて各国語の時間が国々の地域ごとに分けられたキャンプ内で割り当てられた。二〇分程度の時間制限のあるなかで、著者一人でアラビア語、日本語、英語の三カ国語をカバーすることになったので、それぞれは短くなった。また事前準備もなく現地で急場仕立てであり、結局内容的にはアラファの日の絶大な意義（とくに今回は祝福多き金曜日と重なっている）を整理し回顧した後、改めてそれらを再確認しようという趣旨のかいつまんだものとなった。

それでも終わった後から良い内容だったというコメントをもらった時は、大任を果たせてホッと安堵感に包まれた。当初はまだ萌芽的でも、このような実績が今後もぜひ日本人参加者に継続されていくことを希望する。(1)

オ　びっくり情報三件

やはり現地へ行ってみなければわからないことの一つとして、マッカとアルマディーナの人たちの性格の違いがある。飾らずに言って、マッカは割にとげとげしくて、アルマディーナの人たちは親切で柔和である。道を聞いても後者の人たちは、腕をとってそこまで連れて行ってくれるか、あるいは車で送ってくれることがよくあった。そのようにするのは他のアラブ諸都市でもよく見られるので、そうでないほうが目立つということであろう。この評価は多くの人の語っていたところである。その原因まではっきりしないが、このような風土の違いが、初期のイスラームに対する態度の違いにも影響していたのかと推察された。

次はカアバ聖殿を見た時の衝撃である。この瞬間については過去の居並ぶ文豪たちが競って筆を振るってきた。著者が一番心を打たれたのは、聖殿のキスワの黒い色であった。黒の平織りではなくて、なにか凹凸のある文様が入っているように見えた。そのため深い味わいのある黒色になっているのである。それは聖殿の中身の重さと濃さを反映しているようにも思えた。

カアバ聖殿を見た時に、著者の目は有名な金色の刺繍ではなくて、むしろこの黒色に強く貼り付けになっていた。それは日本人好みの、漆器の黒でもあった。従来は写真の印象から、平織りだという先入観をもって見ていた。帰国後調べたら、やはり黒色の部分全面には次の言葉が同色で織り込まれていることを確認できた。(2) 著者には新発見だったのである。

「アッラー以外に神はなく、ムハンマドはアッラーの使徒である。アッラーは偉大であり称賛あれ。偉大で慈悲深く、よくお与えになる、アッラーに称賛を。」

最後には、カアバ聖殿周辺の大変な熱気についてである。タワーフの際に、近づくだけでも汗が出始めるくらいに、外周と内周の温度差があった。この熱気は当然空気伝導で、何メートルかは上空まで伝わっているのであろう。

そこで思い出されたのは、昔からカアバ聖殿の上を飛ぶ鳥はいないし、聖殿の屋根に止まる鳥もいないと伝えられてきたことである。止まる鳥がいるとすればそれは病気の鳥で、たちまちその病気は治って飛び立ってゆくとも言われる。事実、著者はマスジド三階のテラスからもこのことを観察することができた。ただし外周上空を回っている鳥はいたが、それらは間違いなく左回り、すなわちタワーフしているのと同じ格好になっていた。

右の逸話や観察内容は、聖殿の上空に伝えられているタワーフする人たちの熱気が関係しているのではないかという仮説を立ててみたくなった。昔の逸話には、意外と科学的な根拠があることもしばしばである。いずれどなたかの関心を引いて、そのような調査をする人が出てこられても面白いと思い、お伝えしておく。

カ　生まれた日の純粋さを取り戻すこと

最後に触れたい事柄は、巡礼の真髄たる信仰との関連である。巡礼により人は生まれた時のように純粋な姿を取り戻し、それまでのすべての罪や過ちも赦されると教えられてきた。そして参加者のどの人からも、そのような願望を強くもっていることが感じられる風情に、日々接することができた。石投げ場の興奮も、この見地から理解できよう。

個人的なことは控えるとしても、内容的には少なからぬ日本人に共通の問題点を含んでいるかと考え、あえて以下に筆を及ぼすこととする。少なくも戦後の日本は、近代化の呼び声のもとで封建体質脱皮を目指し、その時に並行して言われたのは、西欧の近代化は自我の目覚めに根ざしていたということであった。それが中世キリスト教の支配を脱却するための、精神的に強固な基盤を提供したということである。わが国の民主化、近代化努力の中でも、しきりにこの自我の確立と個性の重視が謳われてきたことは周知の事実である。それだけに著者も含め、大半の日本人はこの思潮に染められてきた。しかし今回の巡礼の経験は、実体験としてこの思潮に疑問を投げかける良い機会となったのである。我という意識やその立場の護持は、すべてはアッラーに拠るという意識や立場とは合致しないし、我に固執することもアッラーに同列なものを設ける「シルク」に当たるのではないかと気づかされた。そう考えると、「シルク」は通常、多神と翻訳されて、神をいくつも立てることと思われているのが、不十分な訳であり理解だということにも思い至った。狭い我を脱却したところに、より広く開かれた、アッラーに導かれた自分があることを実感できたとも表現できる。

以上のような事柄を体験的に実感させられたのが、今回の巡礼ではなかったかと思う。そしてこの目覚めこそは、生まれた時の無辜で純粋な姿に戻らさせてもらった内実ではないかと思われてきた。あるいは少なくともその重要な一側面であったことは間違いない。信心一つという得がたい数週間を純粋なかたちで過ごすことになる巡礼の幕を、こうして閉じることができた。当初の決意に従い肉体的苦痛にも耐え、自分の辛抱を確かめながら諸儀礼を全うし、有難く感謝の気持ちがふつふつと湧くなか、歓喜に満ちて成田に足を下ろすことができた。巡礼はいかに苦難があろうともまた行きたいという強い願望が湧いてくるのは不思議でもあり、それはアッラーの恩寵であると、三回の巡礼を果たしたイブン・バットゥータは言っている。(3) これは本当のことであった。

注(1) 本書参考4「アラファの日の説教(日本語テキスト)」参照。
(2) 前掲書『アラブ世界百科事典』第一九巻、三一九ページ。
(3) イブン・バットゥータ、前掲書、六一-六二ページ。

参考1　マッカとカアバの歴史叙述

イスラーム第一の聖地マッカをめぐって、膨大な歴史叙述が重ねられてきていることは想像に難くない。その歴史家として古来著名な人々には、アルアズラキー（ヒジュラ暦二五〇年頃没、『マッカ情報とその事跡』）、ウマル・ブン・シブフ（二六二年没、『マッカ史』）、アルファーキヒー（二七二年没、『マッカ情報』）、アルムヒッブ・アルタバリー（六九四年没、『マッカ〈ウンム・アルクラー〉情報』）、アルハーフィズ・アルファースィー（八三二年没、『マッカ〈アルバラド・アルアミーン〉史の貴重な結び目』）、イブン・ファハド（八八五年没、『人々へのウンム・アルクラー情報の贈り物』）、イブン・ズハイラ・アルクラシィー（九八六年没、『マッカの功徳、その人々と誇り高き家〈カアバ〉についての親切な全集』）などがいた。

この一連の錚々たる歴史家たちの名前を前にして、一つ面白いことに気づかされる。それはヒジュラ暦三世紀の後は、七、九、そして十世紀とつづいており、そこに数世紀間空白があることである。その理由は、初期第三世紀の歴史家、とくにアルアズラキーとアルファーキヒーの両名の残した著述があまりに内容豊かで権威高いものとなり、それにつづいて改めて書こうという歴史家が現れなくなったからであった。

この流れを打ち破ったのが、九世紀のアルハーフィズ・アルファースィーであった。彼の著した歴史書はマッカの地をめぐる政治家や学識者など各界名士列伝の方式を取った。しかしとりわけ新潮流をもたらしたのは、彼がそれよりも少し先にものしたもう一つの著作『聖地情報の飢えを癒すこと』という書物であった。これはそれまでに執筆された主だった歴史書などの著作を総覧しつつ、マッカとアルマディーナに関して百科全書的な手法でまとめあげ、多くの読者の支持を受け、少し古い表現をすれば、洛陽の紙価を高からしむるものとなった。

そこで本書の本文では、マッカおよびアルマディーナに関するさまざまな情報の源は、同書に多くを負うことになった次第である。同書自体、校訂された印刷本でも二巻になる大部なもの（第一巻四八七ページ、第二巻三五六ページ、一四六ページの補論付き）だが、それでも三世紀に表された先達の歴史書よりはよほど簡略な扱いやすいものにまとめられたと言える。

この『聖地情報の飢えを癒すこと』に範を取りつつさらに簡略化されて著されたのが、イブン・アッディヤーィ（八五四年没）の『マッカと聖マスジドおよびアルマディーナと預言者の墓の歴史』であった。これも簡潔に諸事情が書かれているとして、爾来もてはやされてきたものである（校訂本で全四一三ページ）。

参考2　勤行・信仰・巡礼の柱一覧

イスラームでは重要な事柄を、柱（ルクン）という用語でまとめることがよくある。混同しないために、五行六信、巡礼の柱の内容と、それらをめぐるイスラーム四法学派の立場について、以下にまとめた。

1　勤行の五柱

（1）信仰告白（アッラーの唯一性とムハンマドが使徒である旨の証言の行、シャハーダ）
（2）礼拝（一日五回、あるいは特別の機会に行う服従・帰依の行、サラー）
（3）喜捨（一定率、あるいは随意に資財を献納する行、ザカー）
（4）断食（日中飲食などを断つ行、サウム）
（5）巡礼（マッカ訪問、アラファート丘の留礼と一連の行、ハッジ）

2　イスラームの六信仰箇条

信仰とは真実であると信ずることで、その内容として以下の六柱にまとめられる。

（1）アッラー（唯一、絶対、至高、永劫、慈悲深い、誉れ高い、恵み多い、などなど九九の尊称があり、あらゆる事物存在の初動原因で比類なき存在。）
（2）諸天使（善の天使と悪のシャイターン、現世のジンと霊魂など、不可視界はアラビア語で

ガイビーヤート、天使の単数はマラク、複数はマラーイカ）

（3）諸啓典（アッラーが真偽、善悪、美醜、合法・非合法など、正しい道を教えるため啓示された教えを記した書物で、多くの預言者の中でも使徒とされる人たちだけが齎すもの、単数キターブ、複数クトブ）

（4）諸預言者（アッラーが人々を真実と正義へ教導するために選ばれた人々、最後の預言者がムハンマド〔アッラーの祝福と平安を〕、単数ナビー、複数アンビヤーゥ）

（5）最後の日（復活と審判が行われ、報奨と刑罰、天国と地獄行きなどが定められる日、ヤウム・アルアーヒラ、ヤウム・アッディーン、ヤウム・アッサーアなど）

（6）定命（アッラーによる創造と宇宙・存在の整序における定めのあること、また信条の単一性など、カダル）

3 巡礼の柱

（1）禁忌順守（二枚の布着用や狩、性交などの禁則を聖域内で順守すること、イフラーム）

（2）回礼（カアバ聖殿のまわりを七周回る礼拝の行、タワーフ）

（3）早駆け（サファーとマルワの二地点間を三・五往復する行、サアイ）

（4）留礼（巡礼月九日正午から日没にかけての祈りと悔悟の行、ウクーフ）

●シャーフィイー学派はさらに次の二つも柱に入れている。

（5）剃髪（蘇生した印としての行でありこれでほぼ禁忌は解かれる、ハルク）
（6）順序（柱が正しい順序に実施されることも柱とする）

4 イスラーム法学と巡礼

柱（ルクン）が欠けると信仰・勤行・巡礼が成立しない。柱の内容としては、どうしても不可欠な部分（留礼ならばアラファートの丘に参上すること）と、具体的義務（ワージブ）やその逆の禁則（マハズーラート、ハラーム）に分けて定められる部分とがある。各義務が順守できない時は追加の礼拝、断食や家畜の提供などにより代償が認められる。義務と禁則両者の中間に、推奨される事柄（マンドゥーブ、ムスタハッブ）、許可（ムバーフ）、忌避（マクルーフ）という範疇がある。以上で法学的には五つに分かれる。なお、善行として一般的には倣うべき預言者の慣行（スンナ）には、義務あるいはそれに近いものもあれば、推奨などの事項も含まれている。

六信五行、巡礼の柱について大半一致しているが、関連する他の多くの諸点については、各カテゴリーへの分類の仕方やそもそもどのような項目を選択するかで、イスラーム四法学派間に異説がある。ただいずれをとっても正統な見解であるとして歴史的に相互に認知されてきた。自分のグループが則る学派の説に従って、そしてより具体的には巡礼団の指導者（ムシュリフ）に従いつつ行動を判断し決定している。本書では広く受け入れられている見解を主体として、その中でとくに目立った異説については参考として法学派名とともに明記した。

ちなみに、巡礼の柱の確立過程としては、回礼（タワーフ）と留礼（ウクーフ）は四法学派全員が支持、禁忌状態（イフラーム）と早駆け（サアイ）はマーリキー学派とハンバリー学派が追加し、そして最後の剃髪（ハルク）はシャーフィイー学派が追加し、最終的には全体について全員が互いの立場や考え方を認め合っている。巡礼の柱ではないが、不履行の場合に罰則のつく主な義務としては、ムズダリファの野営、十一－十二日のミナー逗留、石投げ、供犠、別離の回礼などであるが、法学派によっては、細かく分けてその項目数は約二〇件に上る。あるいは他の法学派では、それらの一部は慣行（スンナ）だと主張する。他方、それら全体の内容としては、全法学派を通じてほぼ同一であるので、実施する諸儀礼は、法学派にかかわらずほぼ共通であることが確保されている。

参考3　巡礼の三方式一覧

イスラーム巡礼の入り組んだ仕組みを便利帳としてメモにまとめた。帰依の言葉（タルビヤ）や祈り（ドゥアー）の発音は、慣用で一塊にして決まった発音があるので、カナ表記どおりにする必要がある。ただし祈りは日本語でも可能である。

1　堪能（タマットゥウ）方式――小巡礼後いったん解禁してから続いて大巡礼

ア　ヒジュラ暦十二月七日まで（太陽暦の六日日没まで）にマッカ到着。

イ　それに先立ち着衣点（ミーカート）において禁忌順守の状態（イフラーム）に入る。大洗浄、巡礼衣着用、礼拝が定時以外であれば、その意志（ニーヤ）表明（フィー・サビーリルイフラーム）「イフラームのために」。

その後、小巡礼の意志表明（ラッバイカッラーフンマ・ビウムラ）。

つづいて帰依の言葉（タルビヤ）（ラッバイカッラーフンマ・ラッバイク、ラッバイカ・ラー・シャリーカ・ラカ・ラッバイク、インナルハムダ・ワンニウマタ・ラカ・ワルムルク、ラー・シャリーカ・ラク）「あなたに仕えます、アッラーよ、あなたに仕えます。あなたに仕えます、あなたに並び立つものは存在しません、あなたに仕えます。称賛と恩寵は、あなたのもの、そして主権も。あなたに並ぶものはありません」。

カアバ聖殿黒石に至るまで、帰依の言葉を唱和しつづける。

ウ　カアバ聖殿到着後黒石に挨拶（ビスミッラーヒ・ワッラーフ・アクバル）し、その地点から回礼（タワーフ）開始、到着の回礼であるので、男性はイフラーム中央部分を右脇下、両端は左肩上にする着用法（イドティバーウ）。できれば、男性は最初の三周を早足。

七周の間、クルアーンの読誦、タフリール（ラー・イラーハ・イッラッラー）、タクビール（アッラーフ・アクバル）などを唱える。またイエメン角から黒石角までは、（ラッバナー、アーティナー・フィッドゥンヤー・ハサナ、ワ・フィールアーヒラティ・ハサナ、ワ・キナー・アザーバンナール）「われわれの主よ、この世で良いことを、またあの世でも良いことを与え、そして業火の懲罰から守りたまえ」という祈り。

七周後、着用法（イドティバーウ）を普通に戻してから、イブラーヒームの立処あたりで二回（ラクアターニ）の礼拝を上げる。ザムザムの水を飲む。

エ　サファーとマルワ間の早駆け、男性は緑の印の間は早足。三・五往復する。

オ　断髪。小巡礼のイフラームを解く。

カ　八日、マッカ内か近郊で、再び禁忌状態に入るが、大巡礼の意志（ラッバイカッラーフンマ・ハッジャー）を心の中で立てて、タルビヤを唱和。ミナーに赴く。ミナー一泊。二回礼拝（ラクアターニ）を定時に五回する。

キ 九日、アラファートへ移動、正午に説教を聞く。その後、一回の呼びかけだけで、昼と夕方の短縮礼拝（二回のラクアターニ）を合体してつづけて行う。午後から日没までアラファートで留礼。実際はさらに続行されるケースも多い。留礼中、クルアーン読誦、祈り、帰依の言葉をつづける。座ってもよいし、横になることもできるし、また読書も可能である。日陰は傘や車で取る。祈りの言葉は決められたものはないが、以下には典型的な諸例を挙げる。また自分で日本語で作っても差し支えない。

「あなたの御前におります。私の胸に安堵を、そして私の周りに喜びを与えたまえ。」

「あなたの御前におります。光を与えよ、そして私の心に、私の耳、目、舌、そして私の右、左、上から、そして私自身の中に光を。」

「あなたの御前におります。胸のざわめきや、雑多な物事、そして墓の責めから私を救いたまえ。」

「われわれの主よ、もし私の罪が大きくても、それはあなたのお赦しの側では小さいものだ。だから、寛大なお方よ、私をお赦し下さい。」

「われわれの主よ、あなたよ、あなたよ。なんとこの私、私、私は何度も罪を犯すものか。そしてあなたは何度も赦されるお方か。」

「われわれの主よ、もし私があなたの恵みに浴するに値しないとしてもあなたの恵みは私に達してくれんことを。実にあなたの恵みは（凡てを包むほど）広く、この私は（塵のような）小さなもの。」

最後の締めくくりは、次の預言者の言葉である。

「最善の祈りはアラファの日の祈りである。そして私も言ったし、また私より以前の預言者たちも言った言葉で、最善のものは次のものだ。つまり、アッラー以外に神はなく、アッラーは唯一で並ぶものはない。かれに大権があり称賛もかれのためである。生かすも死なせるも思いのままで、実にアッラーは万能である。」（アッティルミズィー伝）

ク 同日、日没の礼拝への呼びかけを聞くだけで、ムズダリファへ移動開始。そこで日没と夜の短縮・合体礼拝を行う。野営、宿泊。少なくとも七つの小石を拾っておく。

ケ 十日、暁の礼拝後、さらにアルマシュアル・アルハラームで留礼し、ミナーへ移動（ムハッスィル谷では早足）。

アカバの大石投げ場でタルビヤは終了。そしてそこで七つの石投げ（アッラーフ・アクバル）、屠畜、剃髪（女性は少々）を済ますと、第一次解禁。

それからカアバ聖殿で七周の大挙の回礼（タワーフ・アルイファーダ、小巡礼の一部ではないのでイドティバーウ方式のイフラーム着用や三周の早足はなし）と早駆け（サアイ）をすると、これで全面解禁。

コ　十一日は、引き続きミナーで宿泊し、必要ならばさらに小石を集める。石投げ場三カ所（小、中、大の順）でそれぞれ七個の小石を投げる。

サ　十二日も同様。ただし望む人は、午後に三カ所の石投げを済ませてから、別離の回礼（タワーフ・アルワダーイ、女性は体調により省略可能）をして帰国する。

シ　十三日は、石投げと別離の回礼の後、帰国の途へ。

その際の祈りの言葉は、（アッラーフンマ・イジュアルフ・ハッジャン・マブルーラン・ワザンバン・マグフーラー）「アッラーよ、巡礼を敬虔なものとし、罪を赦したまえ」。

さらに祈りの言葉として、「再び巡礼に訪れることができるよう、そして旅の安全と家族、友人、同僚と全ムスリムへのお慈悲と平安を」。

2　連結（キラーン）方式――大巡礼と小巡礼をつづけて行う方式である。ただし、これには二つパターンがある。原則は小巡礼をすませてそのまま大巡礼に移ることになる。今一つはやむなく時間の都合から直接にアラファートの留礼に参加し、その後の大挙の回礼と早駆けを行う方式で、これらは大巡礼であるが小巡礼も兼ね合わせていると見なす場合。いずれの場合も連結方式の意志（ニーヤ）表明が先に行われている必要あり。

単独化（イフラード）方式――大巡礼だけして、後日別途小巡礼をする。ただし事前に自発的な小巡礼をすることは、通常どおり可能である。

ア　連結方式ならば、ヒジュラ暦十二月七日までにマッカ到着。単独化方式ならば、遅くとも八日までにミナーに入る。

イ　それに先立ち着衣点（ミーカート）において禁忌順守の状態（イフラーム）に入る。大洗浄、巡礼衣着用、礼拝の際の意志表明は堪能方式同様で、定時以外の礼拝であれば（フィー・サビーリルイフラーム）「イフラームのために」。

巡礼の意志（ニーヤ）表明（連結方式は、ラッバイカッラーフンマ・ウムラタン・ワ・ハッジャー、単独方式は、ラッバイカッラーフンマ・ハッジャー）、ならびに帰依の言葉（タルビヤ）を唱える。黒石に至るまで、帰依の言葉を唱和しつづける。

ウ　（以下の到着の回礼〔タワーフ・アルクドゥーム〕は時間がなければ省略可能）

カアバ聖殿到着後、黒石に挨拶（ビスミッラーヒ・ワッラーフ・アクバル）し、その地点から回礼（タワーフ）開始。連結方式ならば男性はイフラーム中央部分を右脇下、両端は左肩上にする着用法（イドティバーウ）とし、最初の三周を早足する。イエメン角での祈りは堪能方式と同様。七周後、着用法を戻してからイブラーヒームの立処で二回（ラクアターニ）の礼拝をし、ザムザムの水を飲む。

エ　（いずれの方式の場合も、ここで早駆けをすることもできる。またいずれの場合も、早駆け後、断髪して小巡礼のイフラームを解くということはない。）

オ　八日、ミナーに赴く。（これ以降、堪能方式と十日の石投げまでは同じ。）

カ　十日、暁の礼拝後、さらにアルマシュアル・アルハラームで留礼し、ミナーへ移動（ムハッスィル谷では早足）。

アカバの大石投げ場でタルビヤ終了、そしてそこで七つの石投げをする。

連結方式は屠畜（単独化方式は供犠なし）、そして両方式とも剃髪（女性は少々）を済ますと、第一次解禁。それからカアバ聖殿で七周の大挙の回礼（タワーフ・アルイファーダ）、およびまだ済んでいなければ、ここで早駆けをする。これで全面解禁。（これ以降は堪能方式と全く同じ。なお単独化方式ならば、別途に小巡礼を後刻実施する。）

参考4　アラファの日の説教（日本語テキスト）

アミーン水谷周
ヒジュラ暦一四二七年巡礼月九日（金）
西暦二〇〇六年十二月二十九日（金）
アラファの丘にてアラビア語、日本語、英語で実施

皆様に平安とアッラーの祝福を、そしてわれわれの預言者ムハンマド（アッラーの祝福と平安を）とその家族ならびに教友たち全員に、祝福と平安を祈念します。本日のこの説教は、この祝福された日に行われる日本語として、初めての説教になるでしょう。

同胞の皆様、

今日このアラファの日に行うウクーフ（留礼）の儀礼は、巡礼の諸儀礼の中でも最高峰のものであることをまず再確認しましょう。聖クルアーンに明確な根拠があり、また巡礼者全員が同じ場所・同じ時間に行うという唯一のものであるからです。預言者伝承にも、「巡礼はアラファだ」とあります。ですから、ウクーフは巡礼の頂点であり、諸儀礼中それが欠けると巡礼

が成立しないといういくつかの巡礼の柱の中でも、最大かつ最強の柱であることを再確認しましょう。

第二には、この日はアッラーが直覧される日（アルヤウム・アルマシュフード）だということを再確認しましょう。皆様の一瞬、一瞬の動きはすべて見て取られています。われわれはアッラーを称賛し、この大切な日にここにいること（カイヌーナ）ができたことをアッラーに感謝するものです。今年はとくに、この日が金曜日になったという意味で祝福は二重になり、その恵みは何倍にもなっているのです。

第三に再確認したいことは、われわれの預言者ムハンマド（アッラーの祝福と平安を）はこの日に有名な「別離の説教」（フトバ・アルワダーイ）をされたことです。これはイスラーム共同体の憲法にも相当するもので、重要な多くの原理・原則を定めています。それらのすべてをここで述べるのは無理ですが、その要点は次のとおりです。

1　アッラーはあなた方のために、教えを完成された。

こう説教された時に、次の啓示が降りました。

「今日われはあなたがたのために、あなたがたの宗教を完成し、またあなたがたに対するわれの恩恵を全うし、あなたがたのための教えとして、イスラームを選んだのである。」（食卓章五・三）

2　人間は平等であり、その間には赤も黒も違いはない。
3　アッラーの下で最善の人は、信仰の篤い人である。

第四に再確認したいことは、この説教の後にも皆様と一緒に多くの祈りの言葉を述べることにしますが、その中で特にこのアラファの日に用いられるのは次のものであるということです。「最善の祈りはアラファの日の祈りである。そして私も言ったし、また私より以前の預言者たちも言った言葉で、最善のものは次のものだ。つまり、アッラー以外に神はなく、アッラーは唯一で並ぶものはない。かれに大権があり称賛もかれのためである。生かすも死なせるも思いのままで、実にアッラーは万能である。」

最後に、偉大なアッラーに与えられた多くの恵みに再び感謝し、特にこの日この時という祝福された場所にいられることにつき感謝したいと思います。そして皆様に平安をお祈りします。以上の言葉を述べつつ、わたくし、皆様方、そして全ムスリムのあらゆる罪をお赦しくださるようにわたくしはアッラーに対してお願いするものですが、一方で皆様方もアッラーにお赦しを請われるようにしてください。

じつにアッラーは、よくお赦しになり、また慈悲深いお方です。

（つづいていくつかのドゥアーを全員で一緒に唱和する）

参考5　女性巡礼者の特記事項

1　縫い目のある布でも、イフラームにできる。
2　イフラームに特定の色はないが、派手な色や男と間違えられるようなものは避ける。
3　靴は履いてもよい。
4　回礼（タワーフ）で初めの三周の早足はしない（開《はだ》ける恐れあり）。
5　タルビヤで男のように大声は出さない。
6　頭を覆ってもかまわない。
7　イフラームで右肩を出す形（イドティバーウ）にはしない。
8　早駆け（サアイ）の時、緑の印の間で早足にしない（開ける恐れあり）。
9　剃髪はしないで、指ほどの長さを切るだけにする。
10　男性が多数いるときは、黒石に触るための押し合いは控える。
11　月経あるいは産血のときは、マッカ出発直前の別離の回礼は省略するが、巡礼は無効にならない（一般的に言えば回礼はできない）。
12　見知らぬ男性のところでは、手や顔は覆ってもよい。ただし覆いが顔に触れないようにする（全学派共通、ただし個別の部分は注）。

（注）

1　ハンバリー学派：見知らぬ男性に近づくなどの場合は、顔は覆う。覆いが顔に触れても同様である。根拠は、預言者（アッラーの平安と祝福を）の指導とその妻および教友たちの妻の慣行。

2　マーリキー学派：本当にじろじろ見る見知らぬ男性がいるか、あるいは美しさが目立つ場合には、顔や手を覆う。ただしその覆いは、刺繍がなく、結び目もないものとする。この違反は後刻、義務違反の代償を払えばよい。手を服の中に隠すことは問題ない。また頭の布が顔の一部を覆うだけでもよい。

（筆者注）　以上は教科書のままだが、巡礼中実際には、たとえば巡礼月十日、犠牲の日に、石投げ、犠牲、剃髪、大挙の回礼そして早駆け、という順序どおりにはなかなかいかないなど、実施上の工夫が認められる部分が主要な部分についてさえもある。わからない場合には、ムシュリフやムタウウィフ（あるいは、それを通じて法律顧問）に従う、そして最低限、周囲の多くの人の仕方を見習うことで対応することになる。現地ではあまり理論張らないで、特異な行動を避けるのが結局は正解で無難であろう。なぜなら大半の巡礼者はよく知っている場合が少なくなく、そして日本はまだまだ巡礼後進国であるから。

ラムル（早足 رمل） 到着の回礼の際、初めの３周は早足で、後の４周は並足で回ることになっている。これは預言者ムハンマドの慣行に則っている。また早駆けのとき、緑の印の２地点間も早足で通過する。これは母ハージャルがそこにいたシャイターンの悪の誘いを避けようとする行動に端を発する。いずれも男性だけが行う慣わし。

ルクン（巡礼との関係では角《かど》と柱の二つの意味がある ركن）

（1） 角の意味では、カアバ聖殿の４隅の角を指し、北東、北西、南西の順番で、イラク角、シリア角、イエメン角と呼ばれ、南東角は黒石角。黒石角は、回礼の起点となる他、イエメン角は天国への扉とも言われ、回礼の際できれば手を触れてドゥアーすることになっている。なおクライシュ族による再建時、イエメン角と黒石のコーナーだけはイブラーヒーム建設時の地点を守ったが、残る２つのコーナーは合法な資金が不足してそれより縮小された地点となったことが、黒石角に加えてイエメン角も特別に扱う由縁となったとされる。なお古くは、北東側をシリア角、北西側をマグレブ角（あるいは西角）と呼んでいた時代もあったので、古典を読むときは要注意。

（2） 巡礼の柱という意味については、本書参考３「勤行・信仰・巡礼の柱一覧」を参照。

リダーゥ（衣 رداء） 一般には衣類の意味、巡礼衣の上のほうの布のこと。下のほうの布の呼称はイザール（إزار）。特段の規定はなくて、白いシーツ、あるいはタオル布でよいが、実際はイフラームの布として売られているものを購入するのが通常である。

ムルタズィム（懇願する人 ملتزم） 回礼の後、黒石とカアバ聖殿の扉の間の位置で、カアバの壁やキスワに身を擦り寄せて、アッラーに懇願する慣わしがあり、その場所をムルタザムと呼び、それをする人をムルタズィムと言う。

ヤウム さまざまな日に特別な名前をつけている。

ヤウム・アッタルウィヤ（水調達の日 يوم التروية） 8日、ミナー宿泊の日のこと。翌日の留礼に備え、水を調達すべき日。

ヤウム・アラファ（アラファの日 يوم عرفة） 9日、アラファでの留礼の日のこと。

アルヤウム・アルマシュフード（直覧の日 اليوم المشهود） 9日、同上。

ヤウム・アンナフル（屠畜の日 يوم النحر） 10日、ミナーでの屠殺の日。

ヤウム・アルハドイ（供犠の日 يوم الهدي） 10日、同上。

ヤウム・アルハッジ・アルアクバル（巡礼中最大の日 يوم الحج الأكبر） 10日、同上。マシュアル・アルハラームでの早朝の留礼、ミナー行き、石投げ、供犠、剃髪、大挙の回礼、早駆け、ミナー泊など行事が満載の一日故に、預言者がこう呼んだ。

ヤウム・アルカッル（逗留の日 يوم القرّ） 11日のことで、この日はミナーに留まるのでこう呼ばれる。

ヤウム・アンナファル（出発の日 يوم النفر） 12日－13日以降、帰国出発の日。

ラクアターニ（２回の礼拝 ركعتان） 礼拝は、直立、屈折、平伏、座の４つの姿勢から成り立っているが、２直立、１屈折、２平伏、２座で１回（ラクア）と数え、２回をその双数形でラクアターニと称する。イブラーヒームの立処など巡礼中は、しばしば２回の礼拝が用いられる。サラー・アルカスル（短縮礼拝）、サラー・アルジャムウ（合体礼拝）の項目参照。

ラムイ（石投げ رمي） 10日以降、ミナーのアカバ（العقبة）の谷で行われる儀礼。石投げ場は大中小とあり、10日は大のみで、11－13日は小中大の順で行う。それぞれ７個の小石を投げるので、全体で70個投げることになる。シャイターンのイブリースをやっつけるとされるが、自分の心の中のジン、悪性な面を退治するという内面的な理解もある。ジャムラ（石投げ場）の項を参照。

ては以下のとおり。

　マスジド・ナミラ（نمِرة）はアラファートにあり、別名マスジド・アラファ。

　マスジド・アルハイフ（الخيف）、マスジド・アルバイア（البيعة）、マスジド・アルカブシュ（الكبش）、マスジド・サイド・アルアウワリーン・ワ・アルアーヒリーン（سيد الأولين والآخرين）はミナーにある。

　マスジド・アーイシャ（عائشة）は彼女がイフラームに入ったタンイームにある。旧名はマスジド・アルハリーラジャ（الهليلجة）。

　マスジド・ズィー・トゥワー（ذي طوى）はマッカ北の近郊にある。

　マスジド・アルムフタバー（المختبا）はマッカのサファーの近くにある。

　マスジド・クバー（قباء）、マスジド・アルキブラタイン（القبلتين）、マスジド・アルファトフ（الفتح）は在アルマディーナ。

マターフ（回礼場所 مطاف）　カアバ聖殿で回礼をする場所。聖殿は４辺合計で約45メートルだが、聖殿より離れて回礼すればするほど当然その距離は長くなる。

マッル（谷の名前 وادي مرّ）　マッカ近郊のこの谷には、信者の母と称される預言者の妻ハディージャの墓があった。

マナースィク（儀礼 مناسك）　巡礼だけに限らず、一般名詞として宗教上の定められた諸行事を指すこともある。動詞のナサカ（نسك）は、敬虔な生活を過ごす意味。

ミーカート（着衣点 ميقات）　大巡礼は定められた一定の時間と場所からスタートする。大巡礼の時期は、ヒジュラ暦10月、11月、12月10日まで。場所としては、マッカを中心に東西南北５カ所、禁忌すべき地点が定められている。マッカ北のズー・アルフライファ（ذو الحليفة）、マッカ東のカルン・アルマナーズィル（قرن المنازل）、マッカ北東のザート・イルク（ذات عرق）、マッカ北西のアルジュフファ（الجحفة）、マッカ南東のヤラムラム（يلملم）がそれである。

ムタウウィフ（巡礼案内人 مطوف）　巡礼案内係。ほかにもカアバ聖殿の維持、管理などの係もあり、巡礼促進のためのさまざまな役職の１つ。聖殿の鍵管理（シェイバ家）、ザムザム水の管理・給水（ハーシム家、その分家のドワイリ家など）など、特定の家伝になってきたものもあるが、巡礼案内係職にはそのような伝統はない。

項参照。
フトバ・アルワダーイ（別離の説教 خطبة الوداع） 預言者ムハンマドが巡礼月９日に、アラファ（عرفة）あるいはウラナ（عُرنة）の地点で行った説教（現在９日のアラファートでの説教を、ハンバリー学派は１回の説教とし、他の法学派は２回に分けて行う）。翌10日、預言者がミナーで行った説教と合わせて別離の説教と言われるが、両者とも内容的には多くが重なっている（数万人いたので、聞いている聴衆は重なっていないかもしれない）。人々にイスラーム信仰や信徒共同体のあり方について宣告する部分が多く、宣告の説教（フトバ・アルバラーグ خطبة البلاغ）とも言われ、また教えが完結したとの啓示も降りたので、完璧な説教（フトバ・アルカマール خطبة الكمال）、完結の説教（フトバ・アッタマーム خطبة التمام）とも称される。なお現在ミナーでの説教は、シャーフィイー学派、ハナフィー学派は10日、ハンバリー学派とマーリキー学派は11日に行う。さらにシャーフィイー学派とハンバリー学派は、これを12日に行うのも可能としている。
マカーム・イブラーヒーム（イブラーヒームの立処 مقام إبراهيم） カアバ聖殿の北東側にある。一神教の預言者イブラーヒームが礼拝のときに立った場所で、石がそのため柔らかくなり彼の足跡が残されたとされる。あるいはまた、彼がカアバ聖殿建設の折にそこに立って作業したとする説、ハージャルが息子イスマーイールの髪を洗っている時、そこにイブラーヒームが立って様子を聞いたという説などがある。現在はその石を収納する箱の中に収められている。元来は黒石同様、天国にあった宝石と信じられている。
マスアー（早駆け廊 مسعى） 早駆けをする場所。現在は３階建ての回廊になっており、その真ん中の通路は車椅子の人たちも参加できるように配慮されている。全長約410メートル、２カ所の緑の印の間、約70メートルはシャイターンの誘惑を避けるため、母ハージャルが早足で駆け抜けた。だが早足は現在は男性巡礼者のみで、女性は肌が見える恐れがあるので早足にしない。
マスジド：聖マスジド（在マッカ المسجد الحرام）と預言者マスジド（在アルマディーナ المسجد النبوي الشريف）がその後のマスジド建造の原点。巡礼のルートであるマッカ、アルマディーナ間約460キロには、旧跡とされるマスジドが20カ所はある。よく知られた歴史的なところとし

いるとの解釈もある。意志表明がないと、その行や儀礼は成立しない。
ハッジ（巡礼 حج）　カアバ聖殿の儀礼に赴くこと、が原義。イスラーム勤行の五柱の１つである。大巡礼（アルハッジ・アルアクバル الحج الأكبر）と小巡礼（ウムラ、あるいはアルハッジ・アルアスガル الحج الأصغر）に分けられるが、ハッジといえばそれらの双方を含む場合も多い。大巡礼は巡礼月８日から12日頃までを最も重要な儀礼の日にあてており、その柱は、禁忌順守、留礼、（剃髪、）回礼、早駆けである。なお五柱に入っているのは大巡礼のほうだけであって、小巡礼は勤行の柱としてはカウントされない。
ハティーム（墓所 الحطيم）　カアバ聖殿の北辺にある半円形の造作物。ハージャル、イスマーイール、そのほか数十名の預言者の墓がその中にあるともされる。もとはイスマーイールの羊小屋で、その時の囲い所（ヒジュル حجر・イスマーイール、またはヒジュル・イブラーヒーム）が事始であるされる。７周の回礼が済みイブラーヒームの立処での２回の礼拝後、ハティーム内で礼拝することは、善いこととして勧められている。なお語源は破壊することで、多神教を破壊したことと関係づけられる。
ハドイ（供犠 هدي）　ラクダ、牛、羊などを屠畜してアッラーへの生贄にする。供犠のある巡礼月10日は、イスラームの大祭である犠牲祭の日。供犠を上げることによって、篤信の行為を実践し巡礼が無事終了することをアッラーに感謝し共同体協力の行いとする。犠牲祭では最良の肉は貧者への喜捨にして、残りを自分が食する。
ハラム（聖域 حرم）　巡礼の際の５つの着衣点（ミーカート）内の範囲が巡礼の聖域である。日本の本州中央部分くらいの広さがある。そこは巡礼の地として、巡礼者は禁忌状態を維持する。なお平生より一定の禁則のあるマッカの聖地のこともハラムと言うが、それはマッカ周辺（約20キロ四方）に限られる。
ハルク（剃髪 حلق）　シャーフィイー派では巡礼の柱の１つ。小巡礼なら早駆けの後、マルワなど聖域内でする。大巡礼ならば10日、ミナーで石投げと供犠の後にするのが原則。剃髪が良いが、散髪（タクスィール تقصير）だけでも許される。女性はまとめた房を短くするか、３本の髪を抜くだけですむが、男性と異なり剃髪はご法度。
ヒジュル（囲い所 حجر）　ヒジュル・イスマーイール。ハティームのフ・アッズィヤーラ طواف الزيارة)、柱の回礼（タワーフ・アッルクン طواف الركن)、義務の回礼（タワーフ・アルワージブ طواف الواجب　タワーフ・アルファルド طواف الفرض）とも呼ばれる。
（2） 到着の回礼（タワーフ・アルクドゥーム طواف القدوم）で、マッカ到着の際のカアバ聖殿への挨拶とみなされ、別名アッリカーゥ（対面 اللقاء)、アッタヒーヤ（挨拶 التحية)、アルカーディム（到着者 القادم)、アルウルード（初出 الورود)。最初の3周を早足にして、残りの4周は並足にするのは、慣行（スンナ）に従い、到着の回礼の際の男性に限られる。
（3） 別離の回礼（タワーフ・アルワダーイ طواف الوداع）で、巡礼後12日または13日以降にマッカを去る前にする。これは、出発の回礼(タワーフ・アッサダル طواف الصدر）あるいは、最後の約束回礼（タワーフ・アーヒル・アルアフド طواف آخر العهد）とも呼ばれる。これは一般に義務だが、マーリキー学派は勧奨されるものとする。
（4） 慣行の回礼（タワーフ・マスヌーン طواف مسنون　別名は、帰順の回礼タワーフ・アッタタウウ طواف التطوع）で、随時行われるもの。たくさん行えば、それだけ功徳が増すと信じられている。

ドゥアー（祈り دعاء） あらゆる場面で祈りを捧げるが、定型的なものも多い。ドゥアーを上げる対象はアッラーであるから、原則マッカの方向に向かってする。そして多くの場合、クルアーン読誦や帰依の言葉（タルビヤ）などと組み合わせて使われる。アッラーの言葉であるクルアーンと異なり、ドゥアーやタルビヤはアラビア語以外でも可能である。

ナフル（屠畜 نحر） 家畜をアッラーへの供犠として屠ること。巡礼月10日の儀礼だが、預言者イブラーヒームの故事にもとづく。堪能方式と連結方式の巡礼者には義務であり、それら以外の者には慣行（スンナ）である。肉や血を捧げるのではなくアッラーへの篤信の行為を捧げ、また貧者にも分け与えて信徒共同体の協力も実践する。生き血を流し肉の鮮度を保つため頸動脈から切り入れる方法で屠殺し、合法（ハラール）な肉となる。

ニーヤ（意志 نية） さまざまな勤行や儀礼に入る前に表明する儀礼実施の意志。礼拝、各種類の巡礼、また巡礼中の各儀礼などそれぞれ一定の言葉がある。ただし巡礼中については当初のニーヤがカバーしてァのアルマシュアル・アルハラーム（聖なる儀式所）はクザフ（قزح）と呼ばれる山にある。

ジャムラ（石投げ場 جمرة） 石投げの場所で、大中小の３つがマッカからミナーの方向へほぼ200メートル間隔で並んでいる。それぞれ石を投げるときに、特定の方向が良いとされ、小は北側から接近して右手にマッカがあるようにして、大と中の石投げ場ではその逆にする。なお同じ単語ジャムラは投げる小石（小石はハサー حصاة とも言う）のことも意味する。ラムイ（石投げ）の項を参照。

シリア角 ルクンの項参照。

タクスィール（剃髪ではなくて普通の散髪 تقصير） ハルクの項参照。

タフリール（ラー・イラーハ・イッラッラーを唱えること تهليل）アッラーは偉大である（アッラーフ・アクバル）を唱えることはタクビール、アッラーを称賛する（スブハーナ・アッラー）ことはタスビーフと言われる。

タルビヤ（帰依の言葉 تلبية） ラッバイカ لبيك あなたに帰依する、という巡礼の際の言い回し。

لبيكَ ، اللهمَّ لبيك ، لبيكَ لا شريكَ لكَ لبيك
إن الحمدَ والنعمة لكَ والملكُ
لا شريكَ لك

「ラッバイカッラーフンマ・ラッバイク、ラッバイカ・ラー・シャリーカ・ラカ・ラッバイク、インナルハムダ・ワンニウマタ・ラカ・ワルムルク、ラー・シャリーカ・ラク」

「あなたに仕えます、アッラーよ、あなたに仕えます。あなたに仕えます、あなたに並び立つものは存在しません、あなたに仕えます。称賛と恩寵は、あなたのもの、そして大権も。あなたに並ぶものはありません。」

だが上は代表的なものにすぎず、いろいろな節目に異なったタルビヤが何種類もあり、アラビア語ではタルビヤ集と題する本が多数出されている。

タワーフ（回礼 طواف） カアバ聖殿のまわりを７周回る儀礼。４種類ある。

（１） 大挙の回礼（タワーフ・アルイファーダ طواف الإفاضة）で巡礼月10日に行われ、巡礼の柱の１つ。これは訪問の回礼（タワー

拝方法。8日、ミナーでは1日中定時に、2ラクア（2直立、1屈折礼、2平伏、2座礼を1組のラクアとしてそれを2回する、礼拝数の単位）の礼拝。9日、アラファでは昼と夕刻の双方の礼拝をつづけて2ラクアずつ、10日、ムズダリファでは日没（3ラクア）と夜（2ラクア）の礼拝をつづけて行う。なお通常では、早暁、昼、夕刻、日没、夜の5回のラクア数は、2・4・4・3・4である。なおアラファおよびムズダリファでは、短縮したうえにつづけて昼と夕刻、および日没と夜の礼拝をするので、それらは合体礼拝（サラー・アルジャムウ صلاة الجمع）と呼ばれる。

サラー・アルジャムウ（合体礼拝 صلاة الجمع） サラー・アルカスルの項参照。

ジャバル（岩山 جبل） 歴史が満載された山々がマッカ周辺にたくさんある。まずアラファートの丘の真ん中にあるのが、岩山の典型のようなラフマ（الرحمة）山。その頂上で預言者の別離の説教があったとして塔が建てられており、多くの巡礼者がそこへ登りたがるが、それは勧奨されているわけではない。また預言者の説教の場所については異説もあり。なおアーダムとハウワーが結ばれたのはこの山頂だと言われ、その祝いの宴はムズダリファのアルマシュアル・アルハラームで行われたとされる。

マッカ周辺の山はほぼすべて火山の溶岩が固まった岩山。すぐ東側にあるアブー・クバイス（أبو قبيس）山はこの世で初めて創られた山だとされ、そこにはアーダム、ハウワー、息子シャイスの墓があると言われる。ハンダマ（خندمة）山は、アブー・クバイス山のすぐ東側後背にあり、70名の歴代預言者たちが埋葬されている由。マッカから北東約6キロの岩山がヒラー（حراء）山。その頂上にあるヒラーの洞窟で、預言者ムハンマドに最初の啓示が降ろされた。巡礼者が争って訪れるが、本来神聖視されるべきものではないという断りが入り口に書かれている。マッカ南方約3キロの地点にサウル（ ثور ）山がある。そこには預言者が教友アブー・バクルと共に622年、アルマディーナへ向けて聖遷（ヒジュラ）する際、クライシュ族の追っ手をはぐらかすため潜んだサウルの洞窟がある。

ウフド（أحد）山はアルマディーナ近郊の古戦場。625年、マッカ軍にイスラーム側は惨敗、預言者ムハンマドも負傷した。ムズダリフの後も再興、増改築は幾度も実施された。「アッラーの家」とも呼ばれるが、その意味は天国にあり天使たちがアッラーを崇める礼拝所（アルベイト・アルマアムール）に似せて、アッラーの命により建造されたということ。

キスワ（カアバ聖殿の黒色覆い布 كسوة） 聖殿の覆い布として、毎年巡礼月9日に取り替えられるが、歴史的には、枚数、色、取替えの日、生産地など、さまざまな変遷を経てきた。取替え後は細かく切られて配布され、イスラームの世界への伝導に貢献している。なお神殿を布で覆うという風習は、ほかの宗教では見られない特有のものである。

サアイ（早駆け سعي） 巡礼の柱の1つ。サファーとマルワ間、約400メートルを3.5往復する儀礼。母ハージャルが息子イスマーイールのため水を探し求め奔走した故事にもとづく。男性巡礼者は緑の印のある70メートルの区間では、シャイターンの誘いを避けたハージャルにならい早足にする。

サナ・アルウフード（代表団の年 سنة الوفود） 632年、別離の巡礼に預言者が出たときには、同行の信者数は数万から10万人以上に上ったが、その数の多さに因んでこのような呼称が生まれた。

ザムザム（ザムザム زمزم） 名水の湧き出る泉で、カアバ聖殿より東部分にある。語源は水の湧き出る音だとする説や、管理する、集める（ザンマ）、あるいは（土で）固める（ザンマ）からきた、などの説あり。母ハージャルが息子イスマーイールのために水探しをした結果、天使ジブリールによって湧き出したとされ、名水は回礼の後飲むことになっている他、最善の巡礼土産でもある。この水を配給する役職はスィカーヤ、あるいはザムザミー（複数、ザマーズィム）（زمزمي، زمازم）と言われ、名水を復活させたとされる預言者の祖父アブド・アルムッタリブのハーシム家の伝統となってきた。またザムザムの名水には別称が多い。タイイバ（良水 طيبة）、バラカ（恵み بركة）、マドヌーナ（節約水 مضنونة）、スクヤー・アッラー・イスマーイール（アッラーのイスマーイールへの給水 سقيا الله اسماعيل）、ハフィーラ・アブド・アルムッタリブ（アブド・アルムッタリブの穴 حفيرة عبد المطلب）、バッラ（敬虔さ برّة）など。

サラー・アルカスル（短縮礼拝 صلاة القصر） 巡礼中の短縮された礼

イザール　リダーゥの項参照。
イドティバーウ（片掛け اضطباع）　小巡礼の回礼の時、上半分の布（リダーゥ）の中央を右脇下にして、両端を左肩上に巻き上げる着用方法。これは早足で回礼するのを助けるためとされる。7周後イブラーヒームの立処前で、この方法を止める。イドティバーウは義務ではなくて勧奨される事項。
イフラーム（禁忌順守 إحرام）　巡礼の柱の1つ。巡礼中の禁忌を順守する状態にあること。その時に、縫い目のない2枚の布を着用するが、その布のこともイフラームと言う。
イフラール（解禁状態 إحلال）　巡礼後の剃髪で禁忌が解かれる。ただし大巡礼の際は、それは性交、結婚を除く諸事項についての第一次解禁である。大挙の回礼を済ませるか、さらに堪能方式（タマットゥウ）ならば大挙の回礼後の早駆けを済ませてから全面解禁になる。
イラク角　ルクンの項参照。
ウクーフ（留礼 وقوف）　巡礼の柱の中でも最強最大の柱。巡礼月9日午後、アラファートの丘で行われ、巡礼中最頂点の儀礼。巡礼中2回目の説教につづいて行う礼拝は、昼と夕方の両方をつづけて行う短縮・合体した方法によって、留礼の時間を十分とる。ウクーフの間中、立ちつづける必要はない。ちなみに10日ムズダリファでの留礼もウクーフであるが、ウクーフとだけ一般的に言うと、アラファートの留礼を指す。
ウムラ（小巡礼 عمرة）　儀礼としては、禁忌順守、回礼、早駆け、剃髪だけで成立し、実施時期は大巡礼最後の時期（10－13日）はできないが、それ以外は原則1年を通じていつでもよい。ウムラの原義は、訪れる、という意。文字どおりに、小巡礼、アルハッジ・アルアスガルとも呼ばれる。629年、預言者が行った小巡礼は、課題の小巡礼（ウムラ・アルカディーヤ عمرة القضية、あるいはウムラ・アルカダーィ عمرة القضاء）、630年の小巡礼は、イフラームしたところの地名から、ウムラ・アッジウラーナ عمرة الجعرانة と呼ばれる。
カアバ（カアバ聖殿 الكعبة）　立方体の意と解される。アッラーへの祈りを捧げる場所として設けられた。天使たちとアーダムの創建後何回も再興され、預言者イブラーヒームも再建し、アブド・アルムッタリブ（預言者ムハンマドの祖父）も再建者に入れられることがある。そ

参考6　巡礼関係アラビア語用語集

アイヤーム・アッタシュリーク（日照の日々、乾肉の日々 أيام التشريق）巡礼月11日より13日までを指す。イスラーム以前、文字どおり犠牲の肉を乾燥させる習慣があった。

アイヤーム・アンナフル（屠畜の日々 أيام النحر）あるいは**アイヤーム・アルハドイ**（供犠の日々 أيام الهدي）供犠の日である10日および乾肉の日々である11－13日全体の４日間、または10－12日の３日間だけを指す場合もある。

アイヤーム・ミナー（ミナーの日々 أيام منى）乾肉の日々と同じで巡礼月11－13日、アイヤーム・ラムイ・アルジャマール（石投げの日々 أيام رمي الجمار）とも言われる。

アリース（アリースの井戸 أريس）アルマディーナのマスジド・クバーの近くにある井戸で、預言者ムハンマドの所縁の井戸として知られる。

アルバキーウ（墓場の地名 البقيع）アルマディーナ東方にある墓場で、第３代正統ハリーファ・オスマーン他多数の有名な人が埋葬されたが、大半は破壊されて、その存否や、あっても誰のものか判明しない。

アルハジャル・アルアスワド（黒石 الحَجر الأسود）カアバ聖殿東南角にある。もともとはアーダムのカアバ建造の際に天国から齎された。イブラーヒームがカアバ再興の際、ヌーフの時の洪水や盗難・攻撃を避けるために近くの山に安置されていたものを、天使が再びカアバ聖殿へ運んだと伝えられる。回礼のスタート・ラインであり、ゴールになる。もともと白色だったが、黒くなったのは人間の犯した罪、過ちのためとされる。

アルムアッラー（墓場の地名 المعلاة）マッカ北の近郊にある大きな墓地。イスラーム指導者が多数埋葬されてきたが、ほとんどは崩れ落ち、また破壊されて誰のものか判明しない。マッカ郊外周辺にはこの他、アルウルヤー（العليا）、アルムハージルーン（المهاجرون）、アッシャビーカ（الشبيكة）といったところの墓地が知られる。

イエメン角　ルクンの項参照。

よる解説も含めて全802ページ。著者はヒジュラ暦３世紀の人で、当時の巡礼関係地名、人名、部族名、書名、詩などの総合的な解説）
أبو اسحاق الحربي تحقيق حمد الجاسر، *كتاب المناسك وأماكن طرق الحج ومعالم الجزيرة*، الرياض، 1969.

アブー・ハーミド・アルガザーリー『巡礼の秘密』ベイルート、1985年。（高名なアルガザーリーの『宗教諸学の甦り』からの巡礼部分抜粋）
أبو حامد الغزالي، *أسرار الحج*، بيروت، 1985.

アッサイイド・サービック『スンナの法学』ドーハ、1985年、全３巻。（法学全般の基礎書の一つ）
السيد سابق، *فقه السنة*، الدوحة، 1985. مج. 3.

アブド・アルアジーズ・アルムハンマド・アッサルマーン『儀礼の定めへの明澄な道のり』リヤード、ヒジュラ暦1403年。
عبد العزيز المحمد السلمان، *أوضح المسالك إلى أحكام المناسك*، الرياض، 1403 هـ.

アブド・アッラー・ブン・ムハンマド・アフマド・アッタイヤール『巡礼』リヤード、1993年。（簡潔な概説書として重宝される）
عبد الله بن محمد أحمد الطيار، *الحج*، الرياض، 1993.

アブド・アッラフマーン・イワド・アルジャズィーリー『四法学派によるイスラーム法学』カイロ、2005年、全５巻。
عبد الرحمن بن محمد عوض الجزيري، *كتاب الفقه على المذاهب الأربعة*، القاهرة، 2005. مج.5.

ムハンマド・アルアミーン・アッシャンキーティー『説明の光による巡礼と小巡礼の儀礼』リヤード、1993年。（20世紀初頭の著作、664ページの大部でさまざまな異説、見解を細かく紹介している）
محمد الأمين الشنقيطي، *مناسك الحج والعمرة من أضواء البيان*، الرساض، 1993.

ミウラージ・ブン・ヌーワーブ・ミルザー、アブド・アッラー・ブン・サーリフ・シャーウーシュ共著『誉れ高きマッカと聖なる諸儀礼所の写真集』リヤード、2004年。（古くよりの写真がカメラマンの洋の東西を問わず丁寧に集めてあって、興味が尽きない）
معراج بن نواب مرزا، عبد الله بن صالح شاووش، *الأطلس المصور لمكة المكرمة والمشاعر المقدسة*، دارة الملك عبد العزيز، الرياض، 2004.

ー、全415ページ、工具書として研究者必携の書)

عبد العزيز بن راشد السنيدي، *معجم ما ألف عن الحج*، الرياض، 1423 هـ.

ウマル・ウバイド・ハスーナ『聖地において』ベイルート、ダマスカス、1994年。(随筆集で現代の巡礼の精神論)

عمر عبيد حسونه، *في رحاب الحرم*، بيروت ودمشق، 1994.

サアド・ブン・アウダ・アッラッダーディー『サウジ治世以前の巡礼の治安』ジェッダ、2001年。(全438ページの本格的研究書、イスラーム以前の時代からオスマーン帝国治下の時代まで)

سعد بن عودة الردادي، *أمن الحج قبل العهد السعودي*، جدة، 2001.

ムハンマド・フセイン・ハイカル『啓示の降りた所にて』カイロ、1936年。(著名なエジプト人20世紀作家の巡礼記)

محمد حسين هيكل ، *في منزل الوحي*، القاهرة، 1936.

ムニール・シャフィーク『巡礼：想念と思索』ダマスカス、2000年。(現代パレスチナ人の巡礼記)　　منير شفيق، *الحج خواطر وتأملات*، دمشق، 2000.

Bawa, M.R., *Hajj ; The Inner Pilgrimage*, Philadelphia, 1998.

Burton, R.F., *Personal Narrative of a Pilgrimage to Al Madinah and Mecca*, London, 1893. (Vol. One republished in NY., 1964)

Long, D.E., *Hajj Today ; A Survey of the Contemporary Makkah Pilgrimage*, NY., 1979.

Peters, F.E., *The Hajj, The Muslim Pilgrimage to Mecca and the Holly Places*, Princeton UP, 1994.

Wolfe, Michael, *The Hadj ; An America's Pilgrimage to Mecca*, N.Y., 1993.

do., *One Thousand Roads to Mecca, Ten Centuries of Travelers Writing about the Muslim Pilgrimage*, NY., 1997.

5　イスラーム法と巡礼

アブー・イスハーク・アルハルビー（校訂ハマド・アルジャースィル）『儀礼、巡礼路および半島の目印の書』リヤード、1969年。(校訂者に

4　イスラームの巡礼

イブン・ジュバイル『旅行記』関西大学出版会、1992年。
坂本勉『イスラーム巡礼』岩波新書、2000年。
鈴木剛『マッカ巡礼記』地平社、1943年。アラビア語訳として、
يابانـي فـي مكة (تاكيشي سوزوكي)، الرياض، 1999.
鈴木剛、細川将『日本回教徒のマッカ巡礼記』大日社、1938年。
鈴木剛、細川将、榎本桃太郎「マッカ大祭記」1937年８月発行『回教世界と日本』（若林半編）所収。
田中逸平『白雲遊記』歴下書院、1925年（復刻版、論創社、2004年）、『田中逸平』拓殖大学創立百年記念出版、2002年、全５巻中第１巻『白雲遊記』所収。
野町和嘉『マッカ巡礼』集英社、1997年。
イブン・バットゥータ『三大陸周遊記』前嶋信次訳、中公文庫、2004年。
イブン・バットゥータ著、イブン・ジュザイイ編『大旅行記』家島彦一訳注、平凡社東洋文庫、1996－2002年。全８巻。
前嶋信次編『マッカ』芙蓉書房、1975年。
森伸生「変わりゆくメッカ巡礼」『季刊アラブ』2006年冬号119番、14－16ページ。
山岡光太郎『世界の神秘境―アラビア縦断記』東亜堂書房、1912年（復刻版、青史社、1988年）。
アフマド・アミーン『イスラームの暁』カイロ、1927年。（ムスリムによる実証的近代史学の初めとされる）　أحمد أمين، فجر الإسلام، القاهرة، 1927.
アブド・アッラー・アブド・アルムッタリブ・ブークス『巡礼の全祈り』ジェッダ、出版年不詳。（祈りを集めた出版物のリスト）
عبد الله عبد المطلب بوقس، التوعية الشاملة في الحج، جدة، دون تاريخ النشر.
アブド・アルアジーズ・ブン・ラーシッド・アッスナイディー『巡礼関係出版物総目録』リヤード、2002年。（統計、報告、地図、写真、書籍、論文、講演記録に分けて、巡礼の歴史、儀礼、地理、旅行をカバ

校訂『選ばれた人の事情に関する情報』リヤード、出版年不詳。全２巻。（預言者伝記として基礎書の１つ）

بو فرج عبد الرحمن بن الجوزي، *الوفا بأحوال المصطفى*، صححه ونسقه وعلق عليه محمد
زكي النجار، الرياض، مج 1-2. دون تاريخ النشر.

アルハーフィズ・タキー・アッディーン・ムハンマド・ブン・アフマド・ブン・アリー・アルファースィー（ヒジュラ暦832年没）、学識者委員会校訂『聖地情報の恋慕を癒すこと』ベイルート、2000年。全２巻。（マッカ・カアバ聖殿情報の宝庫で、本書中でも多数引用した）

الحافظ تقي الدين محمد بن أحمد بن علي الفاسي ، *شفاء الغرام بأخبار البلد الحرام*، بيروت،
2000. مج 1-2. صححته وعلقت عليه لجنة من كبار العلماء والأدباء.

イブン・アッディヤーィ（ヒジュラ暦854年没）『マッカと聖マスジドおよびアルマディーナと預言者の墓の歴史』ベイルート、第２版、2004年。（上のアルファースィーの著作をより簡潔にまとめた姉妹編で、全413ページ）

الإمام أبو البقاء محمد بن أحمد بن محمد ابن الضياء المكي الحنفي، *تأريخ مكة المشرفة والمسجد الحرام والمدينة الشريفة والقبر الشريف*، بيروت، 2004.

イブン・ヒシャーム『預言者伝』ベイルート、1927年、全４巻。（預言者伝として権威書）

ابن هشام, *سيرة النبي*، بيروت، 1927. مج 1 - 4.

フセイン・ブン・アブド・アッラー・バースラーマ『偉大なカアバの歴史―建物、覆い布、鍵管理人』リヤード、1999年。（著者は19世紀の人、全508ページで本テーマに関する総集編）

حسين بن عبد الله باسلامة، *تاريخ الكعبة المعظمة – عمارتها وكسوتها وسداناتها*، الرياض، 1999.

ムハンマド・ブン・サーリム・ブン・シャディード・アルアウフィー『聖マスジドの発展と拡張』リヤード、1998年。（簡潔な現代の解説書）

محمد بن سالم بن شديد العوفي ،*تطور عمارة وتوسعة المسجد الحرام*، الرياض، 1998.

Peters, P.E., *Mecca, A Literary History of the Muslim Holy Land*, Princeton U.P., 1994.

2　巡礼一般

川床睦夫編『シンポジウム「巡礼」』中近東文化センター研究報告 No. 7, 8、1986年。

山折哲雄『巡礼の思想』弘文堂、1995年。

イグナチオ・デ・ロヨラ『ある巡礼者の物語』岩波文庫、2000年。

3　預言者とマッカ

『日亜対訳・注解 聖クルアーン』日本ムスリム協会、改訂版、1982年。
『日訳サヒーフ ムスリム』日本ムスリム協会、1987年。全3巻。
『ハディース（アルブハーリー伝）』牧野信也訳、中央公論社、1993－1994年。全3巻。中公文庫、2001年。全6巻。
ムスタファー・アッスィバーイー『預言者伝』中田考訳、日本サウディアラビア協会、1993年。
小杉泰『ムハンマド―イスラームの源流を訪ねて』山川出版社、2002年。
後藤明『マッカ』中公新書、1991年。
中野英二郎『アラビア紀行』明治書房、1941年。アラビア語訳として、
إيجيرو ناكانو، *الرحلة اليابانية إلى الجزيرة العربية*، 1358هـ. 1939م.، الرياض، 1416هـ.
野町和嘉『メッカ』岩波新書、2002年。
アフマド・アッスィバーイー『マッカ史研究―政治、学問、社会、文明』リヤード、1999年。全2巻。（長年の歴史と蓄積のあるこの課題の総括）
أحمد السباعي، *تاريخ مكة- دراسات في السياسة والعلم والاجتماع والعمران*، الرياض، 1999.
アフマド・アブド・アルガッファール・アッタール『預言者の巡礼』サウジアラビア巡礼ワクフ省出版、1986年。（預言者史に加えてイスラーム法学一般への視野も与えている読み応えのある一書、全464ページ）
أحمد عبد الغفار عطار، *حجة النبي*، دمشق، 1986.
アブー・アルファラジュ著、ムハンマド・ザキー・アンナッジャール

参考文献（アラビア語文献は簡単な解題付）

1　信 仰 論

加古千賀『壺坂霊験記』名作歌舞伎全集第７巻所収、創元新社、1969年。

トマス・ア・ケンピス『キリストにならいて』岩波文庫、1960年。

鈴木大拙『宗教経験の事実』大東出版社、1943年。新版、1994年。

鈴木大拙『妙好人』法蔵館、1948年。第２版、1976年。

中根環堂『観音の霊験』有光社、1940年。

アリー・アブド・アルムンイム『信仰』クウェイト、1981年。（イスラームを含めて広く世界の宗教を扱う宗教学的なアプローチ）

علي عبد المنعم، *الإيمان*، الكويت، 1981.

アッサイイド・サービク『イスラームの信仰箇条』ベイルート、1978年。（本テーマに関し、よく整理された標準的解説書）

السيد سابق، *العقائد الإسلامية*، بيروت، 1978.

イブン・タイミーヤ『信仰』ベイルート、ヒジュラ暦1381年。（西暦13－14世紀の高名な宗教家による著作だが、古典として今もよく普及し読まれている）

ابن تيمية، *الإيمان*, بيروت، 1381 هـ.

ワハビー・スレイマーン・ガーウイジー・アルアルバーニー『信仰の柱』ベイルート、1979年。（教科書風のまとめ、全328ページ。）

وهبي سليمان غاوجي الألباني،أركان الإيمان، بيروت،1979.

Brother Lawrence, *The Practice of the Presence of God*, Oxford, (first published in 1692), Oxford, 1993.

Hick, John, *The Fifth Dimension*, Oxford, 1999.

Lewis, D.C., *After Atheism*, N.Y., 2000.

Shepard, William, *The Faith of a Modern Muslim Intellectual*, New Delhi, 1982.

Ward, Keith, *In Defense of the Spirit*, Oxford, 1998.

245, 247
完結の説教（フトバ・アルタマーム） 67, 241
完璧な説教（フトバ・アルカマール） 241
宣告の説教（フトバ・アルバラーグ） 67, 241
別離の説教（フトバ・アルワダーイ） 64, 65, 67, 71, 152, 234, 241, 245

た

代表団の年（サナ・アルウフード） 56, 246
田中逸平 136, 197, 199
単独化方式（イフラード） 63, 85-87, 123, 132, 160, 168, 230-232
堪能方式（タマットゥ） 63, 86, 97, 98, 108, 131, 132, 139, 160-162, 168, 194, 226, 231, 232, 243, 247
着衣点（ミーカート、着衣時点・着衣地点） 15, 92, 93, 96, 99-101, 226, 231, 240, 242
剃髪（ハルク） 163, 164, 166, 167, 210, 224, 225, 229, 232, 236, 239, 242, 244, 247
屠畜（ナフル） 48, 69, 152, 157, 159-161, 163, 166, 167, 175, 207, 213, 229, 232, 239, 242, 248

な

ナミラ 137, 139, 140, 214, 240
二回の礼拝（ラクアターニ） 57, 60, 61, 64, 67, 68, 96, 100, 103, 105, 111, 138, 140, 168, 169, 182, 227, 228, 231, 239

は

ハティーム（墓場） 117, 118, 177, 241, 242
早足（ラムル） 60, 61, 108, 110, 123, 130, 131, 150, 167, 227, 229, 231, 232, 236, 238, 241, 243, 246, 247
早駆け（サアイ） 44, 45, 61, 62, 71, 72, 84-86, 92, 94, 127-129, 131-134, 167, 168, 223, 225, 227, 229-232, 236, 238, 239, 241, 242, 246, 247
早駆け廊（マスアー） 131, 241
ハラム（マッカの聖地、巡礼の聖域） 29, 92, 99, 242
日（ヤウム）
アラファの日（ヤウム・アラファ） 66, 73, 135, 139, 144, 145, 166, 211, 214, 215, 229, 233, 235, 239
供犠の日（ヤウム・アルハドイ） 152, 160, 167, 239
直覧の日（アルヤウム・アルマシュフード） 145, 234, 239
出発の日（ヤウム・アンナファル） 239
巡礼中最大の日（ヤウム・アルハッジ・アルアクバル） 239
逗留の日（ヤウム・アルカッル） 239
屠畜の日（ヤウム・アンナフル） 69, 152, 163, 166, 167, 239, 248,
水調達の日（ヤウム・アッタルウィヤ） 63, 137, 138, 166, 239
日々（アイヤーム）
石投げの日々（アイヤーム・アッラムイ） 248
乾肉の日々（アイヤーム・アッタシュリーク） 166, 248
屠畜の日々（アイヤーム・アンナハル） 163, 166, 248

到着の回礼（アルクドゥーム） 85-87, 110, 123, 124, 132, 168, 227, 231, 238, 243
柱の回礼（アッルクン） 243
別離の回礼（アルワダーイ） 72, 95, 107, 123, 124, 167-169, 225, 230, 236, 243
訪問の回礼（アッズィヤーラ） 123, 244
回礼場所（マターフ） 240
角（ルクン）
イエメン角 14, 108, 110, 120, 227, 231, 238, 248
イラク角 14, 120, 238, 247
シリア角 14, 120, 238, 244
帰依の言葉（タルビヤ） 58-60, 97-101, 108, 138, 139, 142, 154, 155, 226, 227, 229, 231, 232, 236, 243, 244
供犠（ハドイ） 42, 47-51, 63, 69-71, 94, 123, 138-140, 152, 157-167, 174, 225, 232, 239, 242, 243, 248
禁忌順守（イフラーム） 42, 55, 57, 60, 72, 84, 86, 88, 92-95, 98-101, 115, 124, 133, 134, 138, 140, 162, 168, 223, 225-227, 231, 242, 247
禁止条項（マハズーラート） 42, 93, 94
黒石（アルハジャル・アルアスワド） 14, 31, 60, 61, 79, 105, 107-112, 115, 117-120, 122, 168, 177, 193, 227, 231, 236, 238, 241, 248
懇願する人（ムルタズィム） 239

さ

サファー 14, 44, 45, 61, 62, 119, 127-131, 175, 176, 223, 227, 240, 246
ザムザム水 14, 61, 71, 72, 94, 107, 111, 118-120, 127, 209, 210, 227, 231, 240
ザムザム水管理人（スィカーヤまたはザムザミー） 119, 240, 246
散髪（タクスィール） 69, 132, 163, 164, 213, 242, 244
巡礼（ハッジ）
大巡礼（アルハッジ・アルアクバル） 13, 35, 41, 55, 56, 63, 71, 72, 83-87, 92, 97, 98, 123, 124, 132, 140, 207, 226, 227, 230, 240, 242, 247
巡礼案内人（ムタウウィフ） 107, 214, 240
巡礼月（ズー・アルヒッジャ） 1, 30, 35, 40, 46, 49, 51, 54, 57, 62-64, 86, 87, 94, 99, 112, 114, 115, 123, 134, 145, 152, 158, 192, 204, 223, 241-243, 246-248
小巡礼（ウムラ、アルハッジ・アルアスガル） 35, 40, 41, 45, 49, 50, 54, 55, 63, 71, 72, 83-87, 92, 97, 98, 123, 124, 127, 131, 132, 138, 160, 161, 168, 175, 213, 226, 227, 229, 230-232, 242, 247
アッジウラーナ小巡礼 55, 247
課題の小巡礼（ウムラ・アルカディーヤ、ウムラ・アルカダーイ） 55, 80, 247
鈴木剛 200, 201
聖地、聖域（ハラムも見よ） 1, 15, 17-19, 25, 27, 29, 49, 58, 77, 79, 92, 95, 96, 99, 100, 161, 164, 169, 179, 181, 201, 202, 206, 207, 220, 221, 223, 242
説教（フトバ） 64-67, 70, 71, 121, 122, 137, 139, 140, 148, 152, 164, 182, 183, 214, 228, 233-235, 241,

巡礼用語索引

あ

アッタンイーム　175
アラファの谷　141
アラファートの丘　15, 17, 27, 28, 30, 31, 35, 46, 47, 63, 64, 67, 68, 71, 84, 85, 88, 95, 108, 122, 123, 132, 136-142, 147, 177, 191, 194, 195, 199, 202, 203, 210, 222, 224, 228, 230, 245, 247
石投げ（ラムイ）　51, 150, 153, 232, 239, 244, 248
石投げ場（ジャムラ）　15, 153, 154, 156, 211, 212, 217, 229, 230, 232, 238, 239, 244
イスマーイールの囲い所（ヒジュル・イスマーイール）　110, 112, 114, 117, 122, 241, 242
イフラーム（巡礼衣）　29, 43, 44, 57, 60, 63, 84, 86, 92-94, 96, 98, 100, 101, 107, 111, 117, 123, 138, 168, 193, 202, 226, 227, 229, 231, 236, 238, 247
（禁忌順守の意味では下記）
　イザール（下衣）　96, 238
　イドティバーウ（片掛け）　108, 111, 123, 168, 227, 229, 231, 236, 247
　リダーゥ（上衣）　96, 107, 238, 247
イブラーヒームの立処（マカーム・イブラーヒーム）　14, 61, 108, 111, 115-117, 121, 122, 168, 227, 231, 239, 241, 242, 247
榎本桃太郎　200
覆い布（キスワ）　14, 104, 110, 111, 113-115, 193, 216, 246

か

カアバ聖殿　14, 28-32, 35, 37-39, 43-45, 47, 52, 56, 60-62, 67, 71, 78-80, 84, 103, 104, 106-117, 120, 121, 130, 131, 154, 162, 169, 177, 178, 192, 198, 201, 216, 220, 223, 227, 229, 231, 232, 238-244, 246-248
解禁状態（イフラール）　70, 124, 152, 247
回礼（タワーフ）　29, 30, 37, 39, 44, 45, 52, 60-62, 70-72, 78, 79, 84, 87, 103-110, 112, 120, 122, 124, 127, 129, 134, 167, 184, 193, 216, 217, 223, 225, 227, 231, 236, 238-240, 242, 244, 246-248
　挨拶の回礼（アッタヒーヤ）　123, 243
　慣行の回礼（マスヌーン）　123, 243
　帰順の回礼（アッタタウウ）　243
　義務の回礼（アルワージブ、アルファルド）　243
　最後の約束回礼（アーヒル・アルアフド）　243
　出発の回礼（アッサダル）　123, 243
　初出の回礼（アルウルード）　243
　大挙の回礼（アルイファーダ）　52, 71, 84-87, 91, 94, 123, 124, 132, 162, 164, 167, 168, 229, 230, 232, 239, 244, 247
　対面の回礼（アッリカーゥ）　243
　到着者の回礼（アルカーディム）　243

著者紹介

水谷　周　（みずたに　まこと）

1948年生まれ。イスラーム研究家。京都大学文学部卒業、米国ユタ大学中東センター博士課程在籍。アラブ イスラーム学院所属。日本にもなじみやすいイスラーム信仰の紹介を目指す。

著書に『イスラーム信仰とアッラー』知泉書館、2009年。『アフマド・アミーン自伝（解説・訳注）』第三書館、1990年。*An Intellectual Struggle of a Moderate Muslim; Ahmad Amin*, Cairo（エジプト文化省）, 2007. 『日本の宗教―過去から未来へ』(アラビア語) ダール・アルクトブ・アルイルミーヤ社、ベイルート、2007年、など。

イスラーム巡礼《じゅんれい》のすべて　　ISBN978-4-336-05204-9

平成22年4月15日　初版第1刷発行

著者　水谷　周

発行者　佐藤今朝夫

〒174-0056 東京都板橋区志村1-13-15

発行所　株式会社　国書刊行会

電話 03(5970)7421　FAX 03(5970)7427

E-mail: info@kokusho.co.jp　URL: http://www.kokusho.co.jp

落丁本・乱丁本はお取替えいたします。　印刷 モリモト印刷㈱　製本 ㈱ブックアート

イスラーム信仰叢書　全10巻

総編集　水谷　周　協力　樋口美作

2010年4月より隔月刊

1

水谷周著

イスラーム巡礼のすべて

三〇〇万人を集める巡礼はイスラーム最大の行事であり、一生に一度は果たさなければならない信者の義務である。この巡礼の歴史、儀礼、精神面などを総合的に扱った、わが国最初の本格的解説書。

2

水谷周訳著（アルジャズィーヤ原著）

イスラームの天国

イスラームの人生観は、最後の日の審判にどう臨むか、その日に備え、どれだけ善行を積むかということに尽きる。その天国の様を描いたことで知られる古典を摘訳し、注釈を付す。

3

アルジール選著／水谷周・サラマサルワ訳

イスラームの預言者物語

預言者ムハンマドはアッラーの使徒として啓示を伝えた。その預言者の人となりや、ムスリムにとっていかに敬愛すべき存在かを、アラブ・ムスリム自身の言葉で綴る。生の声を聞く貴重な機会。

4

水谷周著

イスラームの原点―カアバ聖殿

イスラームの礼拝の方向はカアバ聖殿であり、その歴史は人類の祖アダムに遡るとされる。秘儀に満ちたカアバ聖殿の歴史と種々の事跡について、わが国で初めてアラビア語文献を渉猟して執筆。

5

イスラーム建築の心―マスジド

水谷周著

イスラーム建築の粋は礼拝所であるマスジド（モスク）である。いかに豪華、壮大、多様であっても、その中核的な心は、礼拝における誠実さ、忍耐、愛情、禁欲、悔悟などの徳目に力点が置かれる。

6

イスラームと日本人

飯森嘉助編著

イスラームは日本人にとって、どのような意味を持ちうるのか。イスラームと日本人の接点を回顧し、今後の可能性と問題をまとめる。（飯森嘉助、片山廣、最首公司、鈴木紘司、樋口美作、水谷周）

7

イスラームと女性

河田尚子編著

イスラーム本来の教えでは、男女平等が唱えられている。何が問題になるのか、教えの基本に立ち返って論じる。（金山佐保、齊藤力二朗、前野直樹、永井彰、松山洋平・朋子、リーム・アハマド他）

8

イスラーム成立前の諸宗教

徳永里砂訳著

イスラームの登場した紀元七世紀以前のアラビア半島の宗教状況は、従来、ほとんど知られていなかった。わが国で初めて本格的にこのテーマに取り組む。（徳永里砂、アブドゥル・ラティーフ）

9

イスラーム現代思想の継承と発展

水谷周著

イスラームの現代における政治、社会思想は、どのように継承発展させられているのか。著名な学者父子の思想的な関係を通じて実証的に検証し、アラブ・イスラム社会の家族関係の重要性も示唆。

10

イスラーム信仰と現代社会

水谷周編著

政治、経済、そして安楽死や臓器移植など、現代社会を取り巻く多岐にわたる諸問題に、イスラーム信仰の立場から、どのように捉え対応していくべきかに答える。（奥田敦、四戸潤弥、水谷周他）